カンボジア研究

――その自然・文化・社会・政治・経済――

藁谷哲也

［編著］

石川晃司　大塚友美　深田喜八郎
小林和歌子　梶山貴弘　櫛　英彦
落合康浩　上之園佳子　髙階曜衣

［著］

文眞堂

謝　辞

　カンボジアにおける調査にあたり，上智大学アジア人材養成研究センターの石澤良昭教授，三輪悟助教，ラオ=キム=リアン研究員やカンボジア王国政府アンコール地域遺跡保存整備機構（Authority for the Protection and Management of Angkor and the Region of Siem Reap）など多くの方々にご支援，ご協力をいただきました。ここに記して感謝申し上げます。

　なお，本書の内容の一部は，藁谷，大塚，山本を代表とする以下の研究助成金の成果をもとにしています。記して感謝申し上げます。
1）2017－18年度日本大学文理学部自然科学研究所総合研究費（藁谷）
2）2014年度平和中島財団，アジア地域重点学術研究助成（藁谷）
3）2014－16年度文部科学省科学研究費基盤研究(B)
　　課題番号26300008（藁谷）
4）2010－13年度文部科学省科学研究費基盤研究(B)
　　課題番号22401005（藁谷）
5）2014－15年度日本大学文理学部人文科学研究所総合研究（山本）
6）2013年度日本大学文理学部人文科学研究所総合研究（山本）
7）2012年度日本大学文理学部人文科学研究所総合研究（大塚）

はじめに

　近年のカンボジアは，急速に目覚ましい経済発展を遂げています。とりわけ，首都プノンペンでは高層ビルが建ち並ぶようになり，経済活動や人口の集中傾向が顕著になっています。南部のシアヌークビルはカジノやリゾート開発でも知られ，カンボジアのマカオと称されるほど開発が進んでいます。また，アンコール・ワット寺院に代表されるアンコール遺跡を抱えるシェムリアップには，2018年に400万人を超える観光客が押し寄せています。しかし，経済発展以前のカンボジアは，国道といえども未舗装路で，インフラも未整備の有り様でした。また，アンコール遺跡周辺では，ポルポト時代の地雷撤去作業も進行中でした。さらに，人の集まる市中やアンコール遺跡内では，物乞いをする子供たちも多くみかけました。

　2000年頃，東南アジア最大の湖であるトンレサップ湖に出かけたときのことです。観光用のポンツーン（浮き桟橋）にタライに乗って近づいてきた女の子が，白人の婦人が飲んでいる清涼飲料水を指さし，それが欲しいという仕草をしました。その夫人は自分の飲みさしでは可哀そうと思ったのか，新しい缶コーラをその子供に渡しました。しかし，その子は缶コーラを手にした後も，その夫人の飲み物をせがんでいました。ポンツーンの店員曰く，蓋の開いていない缶コーラは売れるので金になる。喉が渇いた彼女は，喉を潤すためにその飲みさしが欲しいんだ，と説明してくれました。

　経済発展が進む今でも，このような貧困は解消されてはいないようです。特定の階級や都市に富が集中し，金持ちと貧乏人，都市と農村との格差が広がっています。そして皆，お金を稼ぐためにさまざまな開発に手を染め，結果としてカンボジア伝統の徳の精神，豊かな自然，貴重な文化遺産がむしばまれているようです。

　わたしがカンボジアで調査・研究を始めたきっかけは，岩石風化の研究と

アンコール遺跡の保全でした。しかし，遺跡の周囲に目をやると，上述した経済発展のひずみを目の当たりにすることになりました。幸いなことに，日本大学文理学部には専門の異なる研究者が集まっていて，カンボジアの社会・経済変革の中身を解釈できる人材が豊富でした。そこで，共同で研究プロジェクトを立ち上げ，その成果をカンボジアの持続的な発展に結び付けることはできないだろうかと考えました。

　2015年から，国連は持続可能な開発目標（SDGs）を提唱し，貧困に終止符を打ち，地球を保護してすべての人が平和と豊かさの享受を目指す普遍的な行動を呼びかけています。通称「グローバル・ゴールズ」と呼ばれるこの17目標には，貧困の削減，飢餓の撲滅，健康と福祉の促進，教育の充実，ジェンダー平等と女性の能力強化，水と衛生環境の確保，持続可能なエネルギーの確保，包摂的な経済成長と生産的雇用の促進，強靭なインフラ構築，不平等の是正，安全な都市と居住環境の実現，持続可能な生産消費形態の確保，気候変動対策の実施，持続可能な海洋・海洋資源および陸域生態系の保全や管理，平和で公正な社会の構築，グローバルパートナーシップの活性化などが掲げられています。

　グローバル・ゴールズには，たくさんの目標が設定されていますが，カンボジアの持続的発展は，まさにこれらのゴールと重なります。すでに私たちは，カンボジアでのこれまでの研究成果を知ってもらうために，「カンボジア研究」という講義科目を立ち上げています。そこでこの本の出版は，学生諸君にカンボジアの現状とその持続的発展について考えてもらうきっかけになれば，と願って計画しました。さらに，この本が貧困のなかでも目を輝かせて勉強している，あるいは働いているカンボジアの若者への支援を狙ったものであることも付け加えておきたいと思います。

藁谷哲也

目　　次

はじめに……………………………………………………………………ⅰ

第1章　自然環境と石造文化遺産の共存……………………………1
　1．はじめに …………………………………………………………1
　2．地形と地質 ………………………………………………………1
　3．気候 ………………………………………………………………8
　4．石造寺院の風化とその保全 ……………………………………12
　5．クーレン山の現状と課題 ………………………………………18

第2章　歴史と政治
　　　　　──ポル・ポト派（クメール・ルージュ）を中心に──……23
　1．はじめに …………………………………………………………23
　2．ポル・ポト派政権以前のカンボジア政治史 …………………25
　3．ポル・ポト派の政治と共産主義 ………………………………28
　4．ポル・ポト政権後の混乱と収拾 ………………………………40
　5．おわりに …………………………………………………………42

第3章　外国語教育
　　　　　──過去・現在・そして未来への課題──……………………44
　1．はじめに：カンボジアの地理・歴史・民族・社会的背景 …44
　2．カンボジア調査出張（日本大学文理学部）…………………45
　3．言語政策（Language Policy）…………………………………47
　4．英語の使用状況 …………………………………………………50
　5．カンボジアにおける教育の現状 ………………………………50

6．カンボジアにおける英語教育：今後の展望 ……………………52
 7．カンボジアにおける英語教育：転換期における英語 ………53
 8．英語教育：今後の課題と挑戦 ………………………………54
 9．カンボジアでの今後の英語教育：持続可能な社会に向けて…………57

第4章　観光地化にともなう住民生活の変化 ……………63

 1．はじめに ………………………………………………………63
 2．カンボジアにおける観光業 …………………………………64
 3．アンコール遺跡公園内における観光地化の影響 ……………71
 4．プノン・クーレンにおける観光地化の影響 …………………77
 5．観光業による地域の発展と課題 ………………………………84

第5章　経済発展と社会変動 ………………………………88

 1．はじめに ………………………………………………………88
 2．経済の成長と発展 ……………………………………………88
 3．カンボジア経済の課題 ………………………………………92
 4．人口転換 ………………………………………………………99
 5．社会変動 ……………………………………………………… 102
 6．まとめ ………………………………………………………… 108

第6章　森林資源とその変化 ……………………………… 111

 1．はじめに ……………………………………………………… 111
 2．東南アジアにおける森林とその自然環境 ………………… 112
 3．森林変化の実態 ……………………………………………… 117
 4．森林破壊の要因と森林資源 ………………………………… 122
 5．おわりに ……………………………………………………… 129

第7章　社会保障 …………………………………………… 132

 1．はじめに ……………………………………………………… 132

2．「カンボジア王国憲法」と社会保障 …………………………………… 132
　3．カンボジアの社会保障 ………………………………………………… 134
　4．カンボジア人口統計と社会保障 ……………………………………… 138
　5．カンボジアの母子保健 ………………………………………………… 140
　6．カンボジアの社会保障と母子保健（まとめ）……………………… 148

第8章　医療と衛生環境の現状 ………………………………………… 151

　1．はじめに ………………………………………………………………… 151
　2．疾病構造の変化 ………………………………………………………… 152
　3．医療の現状 ……………………………………………………………… 159
　4．衛生環境 ………………………………………………………………… 167
　5．持続可能性について …………………………………………………… 171

第9章　カンボジアの医療
　　　　　──熱帯感染症の現状── ……………………………………… 174

　1．はじめに：概説 ………………………………………………………… 174
　2．生活に必要な注意事項 ………………………………………………… 175
　3．疾患 ……………………………………………………………………… 177

あとがき……………………………………………………………………………… 200
索引…………………………………………………………………………………… 202
著者紹介……………………………………………………………………………… 205

第 1 章
自然環境と石造文化遺産の共存

1. はじめに

カンボジアはインドシナ半島南西部に位置し,ベトナム,ラオス,タイなどの国々に囲まれる王国である。9世紀から15世紀にかけて繁栄したクメール王朝は,このカンボジアの前身で,最盛期の版図はインドシナ半島南部に止まらず,タイやマレー半島にまで及んでいた。この章では,熱帯に位置するカンボジアの自然環境を概説するとともに,クメール王朝時代の石造文化遺産の風化およびその保全の在り方を見ていこう。

2. 地形と地質

2-1. 山地と平野の分布

カンボジアは,インドシナ半島南部に国土面積 18.1 万 km^2 を占める。国土はその一部がタイランド湾に面するが,中央部には低地が広がり,これを南西と北から挟み込むように山地が発達する[1](図 1-1)。

カンボジアの南西は,カーダマム(Krâvanh)山脈とエレファント(Dâmrei)山地が北西-南東に約 370km 連続する。カーダマム山脈には,国内最高峰のアオラル(Aôral)山,1,813m が位置しているが,エレファント山地の標高は 500~1,000m 程度と相対的に低い。両山地は,タイランド湾に開けたコンポンソム(Kampong Som)湾によって区切られる。一方,カンボジアの北部には,タイとの国境をなすダンレック(Dângrêk)山脈とラオス・ベトナムとの国境付近に広がるボローヴェン(Bolaven)高原が発

達する。ダンレック山脈は，トンレサップ（Tonlé Sap）湖流域の北縁をなし，その南斜面は約500m もの急崖となって東西に延びる。また，ボローヴェン高原は，ラオス南部やベトナム中西部にも展開する標高1,000〜1,300m の高原である。ダンレック山脈とボローヴェン高原は，カンボジア東部を南流するメコン（Mekong）川の河谷部にあたるメコンヴァレーによって切られている。

　カンボジアの低地は，その大部分が東南アジア最大の湖・トンレサップ湖の周辺に広がる湖岸平野である。また，トンレサップ湖につながるメコン川沿いの谷底平野によって占められる。この谷底平野は，ラオスからカンボジア東部を南北に細長く縦断してベトナムへ続き，最下流部に大規模なメコン

図1-1　カンボジアの位置と地形

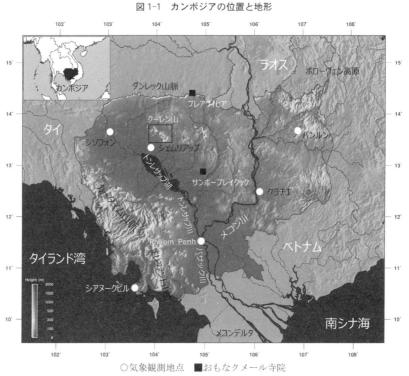

○気象観測地点　■おもなクメール寺院

出所：GinkgoMaps project（www.ginkgomaps.com/maps_cambodia.html）をもとに作成。

デルタを発達させている。

　トンレサップ湖北西部の低地の地形を見てみよう。クーレン（Kulen）山の麓からトンレサップ湖に向かって山麓緩斜面，扇状地，湖岸低地（低平地，湿地）などが高度を下げながら配列している（深野ほか, 2010）。クーレン山は，標高100～500mで山頂部が比較的平らなテーブル状の山地である。おもに灰白色，黄白色ないしは桃色を呈するジュラ紀～白亜紀の砂岩や細礫質砂岩などで構成される。山麓緩斜面とは，山地前面に位置し，おもに侵食によって形成された緩傾斜の地形である。クーレン山の山麓緩斜面は，おもに砂岩やラテライトを基盤とし，その上位に厚さ1m以下のレゴリスがのっている。そして，山麓緩斜面の下流側に発達する扇状地は，平均勾配1.0/1,000程度の緩やかな傾斜を持つ。日本の富山湾に面する黒部川扇状地の勾配がおよそ9.6/1,000であることを考えると，カンボジアの扇状地の勾配はずいぶん緩やかである。普通，扇状地はおもに粗い砂礫によって構成されているが，カンボジアのこの扇状地はおもに中粒の砂からなる。熱帯では，一般に化学的風化作用が盛んで，河川の掃流物質量は少ない。このため，粗粒な礫からなる扇状地はできにくいことが原因である。扇状地以外の河成地形としては，自然堤防，後背湿地，三角州なども発達する。また，湖岸低地にはおよそ5,500年前以降の湖水位変化によってつくられた浜堤や湖岸段丘なども認められる。

　自然堤防や後背湿地は，メコン川沿いの谷底平野でもよく見られる。首都・プノンペン付近ではメコン川，トンレサップ川，バサック（Bassac）川によって作られた沖積地にこれらの微地形や旧流路が分布する。これらの微地形は河川氾濫によってつくられたものだが，氾濫はしばしば大規模な洪水をもたらしてきた。近年では2000年や2011年に大規模な災害となり，300名を超える死者が出たという（南雲・久保, 2013）。

2-2. メコン川とトンレサップ湖

　カンボジアの水系は，おもにメコン川流域，トンレサップ湖流域，およびタイランド湾に面する海岸山脈の流域の3つに分けられる（図1-2）。この

図1-2 カンボジアにおける主な流域とその面積

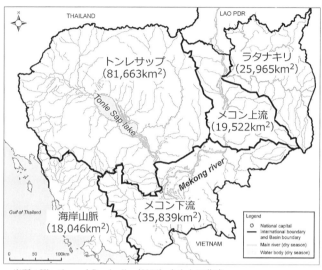

出所：Kingdom of Cambodia（2014）をもとに作成。

うちトンレサップ湖の流域面積は，国内最大の8万1,663km^{2}を誇っている。

　カンボジア東部を南流するメコン川は，チベット高原に発源し，南シナ海に注ぐ流路長4,500km，流域面積79万5,000km^{2}の東南アジア最大の大河である。メコン川は，広大な流域を抱えることに加え，モンスーン（季節風）の影響を受けるため，雨季と乾季との流量変化の大きいことが特徴である。例えば，下流に位置するクラチエ（Kratié）において，平年（1924～2003年）の平均日流出量は4月に約2,000m^3/secであるが，9月にはそれが約4万0,000m^3/secに増え（図1-3），20倍もの差が生じている（Mekong River Commission, 2005）。また，大規模な洪水が発生した2000年は，平均流出量が9月に5万5,000m^3/secを超えるほどまで増加した。

　メコン川は，トンレサップ川を介してトンレサップ湖と結ばれているが，トンレサップ川の河水は乾季と雨季とで反対方向に流れる。すなわちトンレサップ川は，乾季にはトンレサップ湖の水をメコン川に排水するが，雨季の9～10月になるとメコン川の水位が上昇するため逆流が生じる（図1-4）。こ

の逆流はメコン川下流部の水位を低下させることになるため，トンサレップ川とトンレサップ湖はメコン川の洪水調節機能を果たしているということができる。

図 1-3　クラチエ・メコン川における 1924〜2003 年と 2000 年における平均日流出量の月別変化

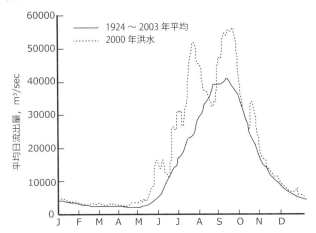

出所：Mekong River Commission（2005）をもとに作成。

図 1-4　1960 年 6 月〜1973 年 6 月の Prek Dam における流入（逆流）・流下（排水）量の月別変化

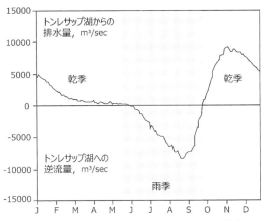

出所：Mekong River Commission（2005）をもとに作成。

写真1-1 乾季におけるトンレサップ湖北岸のコンポンクレアン
(Kampong Khleang) 集落
出所:筆者撮影。

　トンレサップ湖そのものの面積（平均湖面積）変化は，乾季に約2,200km^2，雨季に1万3,000km^{2}と変化する。乾季と雨季との湖面積は約6倍も異なるのである。また，水量では乾季（約1.6km^3）と雨季（59.6km^3）とで37倍もの差が生じている。したがって，湖水位の季節変化も当然大きく，平均湖水位は乾季の約1.3mから雨季の約9.1mにまで変化する。湖岸周辺の集落は，細長い木材を利用して湖面より高い位置に家屋をつくり，このような大きい湖水位変化に対応している（写真1-1）。

2-3. インドシナ半島の地質構造区分とカンボジアの地質

　インドシナ半島は，古生代にゴンドワナ大陸から分かれた小さい大陸地塊が，その後移動しながら集まった地塊のモザイクである。カンボジアは，三畳紀後期に生じた造山運動によって隆起したインドシナ地塊（Indochina Terrane）の一部にあたる（図1-5）。このインドシナ地塊の北は，ソンマ縫合（Song Ma Suture）を境に南中国地塊に接する。また西から南に向かって西ビルマ，シブマス（Sibumasu）などの地塊や付加した若い地塊が，スンダ海溝に続くインド・オーストラリアプレートとの境界に向かって配列する。

図1-5 インドシナ半島の地質構造区分

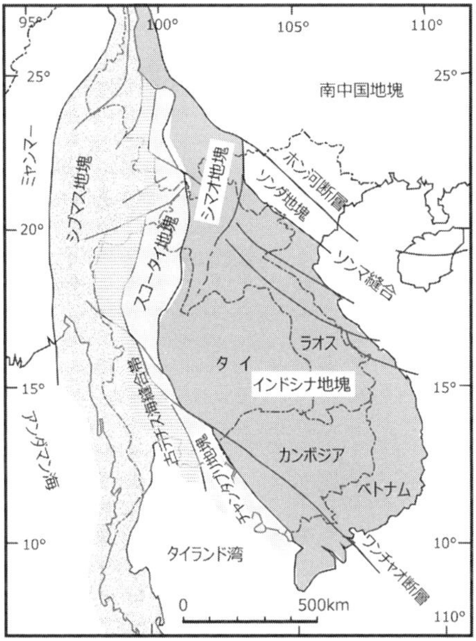

出所：Sone and Metcalfe（2008）をもとに作成。

　カンボジアの基盤をなす先カンブリア系は，カンボジアの北東部のボローヴェン高原や南西部のカーダマム山脈に変成岩として分布している（図1-6）。古生界はカンボジアの南部や中央部に分布し，地形的には孤立した小丘を形成しているところもある。一方，中生界はカンボジア東部ではおもに海成として，中部から西部にかけては大陸成の砕屑物として分布する。とくに，カンボジア西部のジュラ系累層の細粒砂岩[2]は，クメール王朝時代に多くの寺院建築に利用された。また，ジュラ紀から白亜紀の堆積岩類は，地形的には頂部が平たんな台地やメサのようなテーブルランドの形状を示す。先述したクーレン山は，まさにこの地形である。新第三系－更新統の上部は，部分的にラテライト化している。この地層の上位は，玄武岩によって覆われることから，その年代は65万年より古いとされる（石油天然ガス・金属鉱物資源機構，2005）。なお，第三系はカンボジアの陸域での露出は非常に限られ，タイランド湾の海底で厚い層を形成している。

8　第1章　自然環境と石造文化遺産の共存

図1-6　カンボジアの地質図

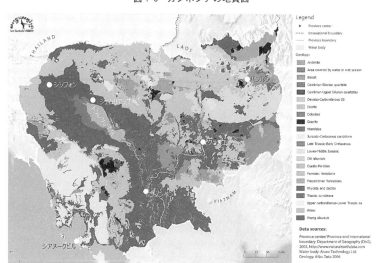

出所：The Open Development Cambodia（https://opendevelopmentcambodia.net/layers/page/4/#）の Geology of Cambodia（2006）をもとに作成。

3. 気候

3-1. 降水量と気温の分布

　カンボジアは，北緯10度から14度の熱帯に位置し，モンスーンの影響を受ける。このため，その気候は雨季と乾季が交替するサバナ気候，あるいは熱帯モンスーン気候によって特徴づけられる。とくに，降水量は季節によって，また地域によって異なっている。

　カンボジアの雨季は，熱帯収束帯の北上に伴って，南西季節風が湿気の多い空気を運んで訪れる。この時期，平年を上回る降雨が観測されることもあり，2000年や2011年のようにしばしば洪水被害が生じた。一方，乾季は熱帯収束帯の南下によって北東季節風が卓越し，乾燥が進む。おおむね雨季は5月中旬から10月上旬にかけて，乾季は11月から3月の期間で，これらの間には漸移期間が存在する。なお，インドシナ半島東部では，南シナ海で発生する台風の襲来を被ることがあるが，カンボジアでは台風の襲来はほとん

ど聞かない。

　国内における年降水量は，1,000〜3,000mmの範囲にあるが，その分布には地域性が表れている（図1-7）。降水量は，南西モンスーンの影響を強く受けるカーダマム山脈・エレファント山地の南西斜面で多い。タイランド湾に面するシアヌークビル（Sihanoukville）における降水量は，年間約3,500mmにも達する（図1-7）。また，北東に位置するボローヴェン高原の

図1-7　カンボジアの降水量分布とおもな都市の雨温図

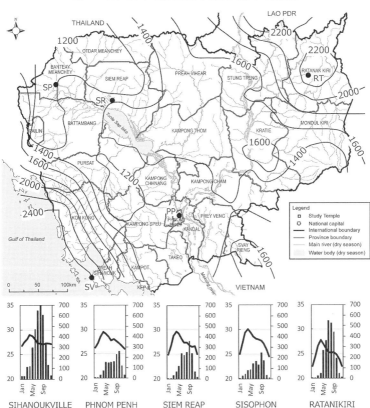

　注：SV：シアヌークビル　PP：プノンペン　SR：シェムリアップ　SP：シソフォン　RT：ラタナキリ（バンルン）．降水量はmm，気温は℃。
　出所：降水量分布はKingdom of Cambodia (2014)，雨温図はClimate-Data.org (https://en.climate-data.org/asia/cambodia-167/#example0) をもとに作成。

南西斜面でも降水量は多く，ラタナキリ（Ratanakiri）州のバンルン（Banlung）では 2,500mm と見積もられる。これに対して，トンレサップ湖の湖岸平野は，海岸山脈の山影にあたることから年降水量は少ない。シェムリアップ（Siem Reap），シソフォン（Sisophon），プノンペンにおける年降水量は 1,100～1,600mm となっている。

　カンボジアには雨季と乾季はあるが，気温の変化は年間を通じて激しくない。北東部のラタナキリでは月平均気温は 4 月に最高気温 27.8℃，1 月に最低気温 22.5℃ となり，年較差は 5℃ 程度である（図 1-7）。年降水量の多いシアヌークビルでは，4 月に月平均最高気温 29℃，1 月に月平均最低気温 26.8℃ を示し，年較差は 2.3℃ とさらに小さい。シアヌークビルは，海洋に面しているため，内陸より温度変化が小さくなっている。一方，トンレサップ湖周辺の気温も比較的一様で，年平均気温 27～28℃ である。このようにカンボジアの月平均最高気温は，雨季が始まる直前の 4 月にあらわれる。4 月の平均最高気温は 32℃ を超え，観測では 40℃ 近くにも達する。一方，月平均最低気温は乾季の 1 月に出現し，20℃ 程度まで下がる。このため，早朝などは涼しく感じられる。

3-2. シェムリアップの気候

　カンボジアでは，1992 年に気象・水資源省が設立され，2012 年からはプノンペンでレーダーステーションが運用されるようになった[3]。しかし，気象観測網や長期間の気象データについては，十分整備されている訳ではない。このため，カンボジアで十分な気候環境を知ることは容易ではない。しかし，クメール王朝時代の文化遺産が集中するシェムリアップでは，それらがどのような環境に曝されているかを知ることは，文化財の保存・修復を進めるうえで重要である。そこで，アンコールワット寺院に設置された気象ステーションのデータ（Waragai, 2018）をもとに 2011～2016 年の気象状況を見てみよう。

　観測結果によると，年平均の気温は約 27℃，相対湿度は約 80％，年降水量は約 1,630mm である。月平均気温は，4 月に 30℃ 近くまで上昇して最も

3. 気候　11

高く，1月に約25℃の最低気温となる（図1-8）。このため，年較差は約5℃で小さいが，乾季の1月から雨季直前の4月に向かっての気温変化は急速で

図1-8　アンコールワットにおける2011〜2016年の日平均気温，日積算日射量（上）と日平均相対湿度，日降水量（下）の変化

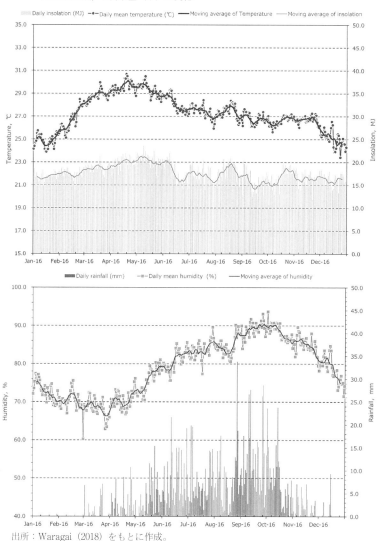

出所：Waragai（2018）をもとに作成。

ある。また，観測期間における極値は，2016年4月に41.3℃の最高気温，2014年1月に13.9℃の最低気温を記録した。したがって，観測期間中の較差は約27℃になり，かなり大きい変化のあることがわかる。

一方，降水量は月平均で見ると，6～10月に220～360mm，12～2月に0.1～16mmと変化し，雨季と乾季との差が明瞭である。また，雨季の間でも降水量は7月に小さいピークを迎えたのち9月初旬にいったん減少し，その後増加して10月初旬に最大のピークを迎えていることがわかる（図1-8）。雨季の夜間には，頻繁に驟雨も発生している。降水量は年々変動も大きい。年降水量は2011年に2,065mmであったが，2015年は1,162mmとなり，約900mmも減少した。その一方で，2011年には日最大降水量98.5mmを記録している。

4. 石造寺院の風化とその保全

4-1. 石材の風化機構

カンボジアには，9～15世紀のクメール王朝時代の石造寺院が数多く分布する。このいくつかはユネスコ世界文化遺産に指定されている。最初に指定を受けたのは，シェムリアップ州に位置するアンコール[4]で1992年であった。その後2008年にプレアヴィヒア（Preah Vihear）寺院，2017年に古代イシャナプラの考古遺跡サンボープレイクック（Sambor Prei Kuk）の寺院地区がそれぞれ指定された。アンコールは，アンコールワット（Angkor Wat）寺院やバイヨン（Bayon）寺院など，おもに9～13世紀に建築された多くの石造寺院群からなる。おもに砂岩，ラテライト，レンガなどの石材を積んでつくられたこれらの寺院は，クメール王朝の建築技術の水準を示すだけでなく，その美術的価値も高く，まさに世界遺産にふさわしい。しかし，熱帯気候の下，建築からおよそ1,000年が経過し，激しく石材の劣化が進んで寺院群は崩壊してしまった。そこで，寺院群の保存・修復事業が，カンボジア政府アンコール地域遺跡保護管理機構（APSARA：Authority for the Protection and Management of Angkor and the Region of Siem Reap）を中

心に日本[5]，フランス，ドイツ，インド，中国などの機関や組織などと進められている。

石材の劣化は，1970年代の内戦による人為的破壊[6]，と長期にわたる自然劣化とに大きく分けられる（写真1-2）。このうち自然劣化については，熱帯特有の気候環境に由来する生物風化と物理的風化が主なものである。生物風化は，15世紀にアユタヤ王朝によって駆逐されたクメール王朝の衰退と関わっている。クメール王朝時代，アンコールの寺院群は適切に管理されていたと考えられるが，王朝の衰退によって多くの寺院は放棄され，やがて密林のように植物が厚く生い茂るようになってしまった。寺院群の放棄から約400年後の1860年，寺院群を密林の中から発見したアンリ＝ムーオ

写真1-2 石材の主な劣化形態
注：A：弾痕の残る砂岩柱，アンコールワット寺院　B：植物の絡みついた経蔵，ベンメリア寺院　C：剥離（白色）・変色（黒色）した砂岩基壇，アンコールワット寺院　D：砂岩柱基部のノッチ状凹み，アンコールワット寺院。
出所：筆者撮影。

(Mouhot, 1864) は，巨木に成長した樹木によって崩壊した寺院の有り様を記録している。いまでもタプロム（Ta Prohm）寺院やベンメリア（Beng Mealea）寺院などは植生に覆われていて（写真1-2B），当時の状況を彷彿とさせる。とくに，樹木（例えば，*Tetrameles nudiflora*）による寺院の破壊は，根茎成長に伴う亀裂拡大（根茎のくさび作用）や樹木成長に伴う積載荷重の増加によるもので深刻である。また，石材の表面に微細な根を張って付着する地衣類や蘚苔類なども，生物化学的な風化にかかわっている。加えてこのような微生物の着生は，しばしば石材を黒色化（写真1-2C）させるため，寺院群の美しさも損なっている。

一方，石材の物理的風化は，おもに乾季と雨季の繰り返しに起因する乾湿風化や塩類風化である。石材の表面が剥離していたり，粒状に分解しているのはこれらの作用によるものである（写真1-2D）。砂岩やラテライトなどの石材は，降雨と日射による湿潤・乾燥の繰り返しによって膨張・収縮を繰り返し，徐々に乾湿風化する。また，塩類を含んだ水が石材の空隙に取り込まれ，その後の乾燥に伴って塩類の析出が起きることもある。微小な空隙で成長した塩類の結晶が，岩石を分解する作用を塩類風化という。この塩類は，雨水やコウモリの糞，あるいは岩石に含まれる成分に由来している。さらに，建物の荷重がこれを支える柱や梁などの部材に長期間加わることによって石材のひずみが増加し（クリープ変形），風化や破壊が進むケースもある。アンコールワットの第一回廊を支える内側の柱の根元が，外側の柱より風化しているのは，このような積載荷重の影響と考えられる。また外側の柱では，鉛直方向に伸びるクラックも多く認められる。クラックは砂岩の層理面に平行することから，風化や積載荷重の影響により形成されたものである。このように石材の劣化は，人為的破壊を除けば熱帯環境下で長期間にわたって風化に曝されてきたことに由来している[7]。

4-2. 石材の風化速度

石材は，寺院建築以降どれほど風化してきたのであろうか。また，石材の風化はどのくらいの速度で進んできたのであろうか。あちこちで進む寺院の

保存・修復を考えるとき，将来にわたる石材の風化傾向を知ることは大切であろう。砂岩からなる石材では，おもに雨水や毛管作用による吸水と，日射による乾燥化の繰り返しによって形成されたノッチ状凹みがいたるところで認められる（写真1-2D）。これは，寺院建築以降の積算風化量や風化速度を推定する手掛かりを与えてくれる。建築年代が推定されている29寺院について，砂岩材からなる柱，ドア枠，窓枠，偽扉などに発達する凹みの深さが測定された事例（Waragai, 2016）をみてみよう。

この研究によると，砂岩材に発達する凹みの深さは8～104mmの範囲を示し，平均約35mmである。凹みの深さは，建築年代の古い寺院ほどおおむね深くなるが，20～30mmを示す凹みの深さが全体の31.4％を占めている。一方，寺院の建築年代がわかっていると，凹みの深さから平均的な風化速度を求めることができる。研究によれば，砂岩材の風化速度は1,000年あたり約7～92mm，平均33.6±7mmであるという。すなわち，風化速度は1年あたりでは最大でもわずか0.1mmと小さい。上述したように，石材は様々な要因で劣化しているが，この砂岩材の凹みの深さは寺院建築後から絶え間なく継続してきた風化作用の結果を示している。

砂岩材の凹みの深さや風化速度は，寺院の建築年代や砂岩材の強度によって変わるようである。また，砂岩材の置かれた環境，向きや高さなどでも異なっている。アンコールワット寺院では，第一回廊の内柱を対象とした調査から，砂岩材の風化はつねに日射を受けて乾燥化が進みやすい東向きの柱で強く，直達日射が当たらず湿度の高い状態が維持されている北向きの柱で弱く働いていることがわかっている（Waragai and Hiki, 2019）。これは，北向きの柱に比べて東向きの柱では，砂岩材の水分変化が大きく，乾湿の繰り返し頻度も高いことが原因である。

4-3. 樹木伐採の功罪

貴重なアンコール寺院群の保存・修復のため，様々なプロジェクトが進められてきたが，初めに実施されたプロジェクトは樹木の伐採である。樹木の根によるくさび作用（写真1-2B）は，石材の隙間を押し広げ，いたるこ

ろで寺院を崩壊に追いやってきたと考えられる。このため，樹木伐採を進めることは，寺院の保存・修復には必要不可欠の事業であった。しかし，樹木伐採が進んだことによって，石材の風化も招いてしまった可能性がある。伐採が進んだ寺院では，樹木による日射の日傘効果がなくなり，石材の高温化と乾燥化が進むからである。

サーモグラフィーによる石材の表面温度測定によると，アンコールワット寺院では，直達日射を受けた回廊の屋根部で最高温度は50℃近くに達している（図1-9）。また，屋外で日射に暴露した砂岩テストピースの最高表面温度でも，日中に約50℃に達している。このような寺院の高温化は，植生が払われて日射を遮るものがなくなった他の寺院でも認められる（図1-10）。図1-10は，2015年に撮られた衛星画像による放射温度の分布を示したものであるが，高温化はアンコールワット寺院のほか，バイヨン寺院，バンテアイクデイ（Banteay Kdei）寺院や植生被覆が残るタプロム寺院でも認められる。

高温化を詳細にみるため，アンコールワット寺院における伽藍と周辺域の気温の変化と分布を説明しよう。第一回廊と周辺のオープンスペースとの気温は，日中は大きく変わらない。しかし，夜間になると回廊が周辺の気温を

図1-9　アンコールワット東（左），北（右）回廊の放射温度分布

注：2019年5月1日午前9時の時点で東回廊の温度は40℃以上に達し，北回廊より高い。
出所：筆者作成。

上回るようになる。とくに回廊と周辺との温度差は日の出前に最大となり，回廊の気温は周辺より5℃以上も高くなっている（図1-11）。すなわち，伽

図1-10　アンコール地域の放射温度分布

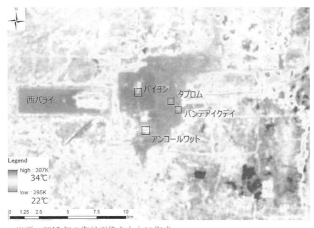

出所：2015年の衛星画像をもとに作成。

図1-11　アンコールワット寺院における2014年9月，午前6時の気温の立体分布

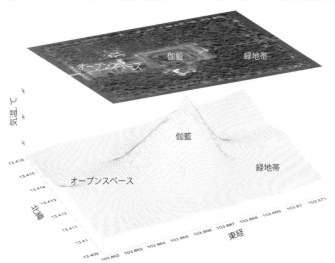

出所：筆者作成。

藍は一日を通して明瞭な高温域を形成しているのである。樹木被覆の程度が高いタプロム寺院では，アンコールワット寺院のような大きい気温差は明瞭ではない。アンコールワット寺院では，伽藍周囲に樹木被覆がほとんどなく，オープンスペースが広いことから，タプロム寺院に比べて高温化が顕著である。これは伽藍を構成する石材が日中約50℃の高温になり，その放射熱の影響から夜間でも伽藍内の気温が下がらないことを意味している。

このような伽藍の高温化は，石材の乾燥化を招くが，降雨があると石材は湿潤化する。すなわち，伽藍の石材は雨季に厳しい乾湿の繰り返しに曝されていると考えることができる。樹木被覆は日射の遮蔽に有効であり，伽藍を構成する石材の乾燥化を防ぐ働きを持っている。樹木の根茎成長は寺院の崩壊をもたらすものの，その伐採は石材の物理的風化を加速させる可能性が高いと推測されるのである。こう考えると，先述した砂岩材の風化量は，そのほとんどが寺院群の保存・修復が盛んになって以降，大きく進んだという観点から再検討する必要があるかもしれない。

寺院の持続的な保全のためには，これまでの保存・修復手法とは異なる植生復元による日傘効果が有効かもしれない。寺院群が発見された当時のように，寺院が植生に覆われると石材の温度や周囲の気温は低下し，石材は激烈な温度変化から免れることができる。とくに，吸水した砂岩材への日射による急速な乾燥化（収縮）や高温に曝されている砂岩材への吸水（膨張）などは低減され，風化の弱まる可能性が高い。

5. クーレン山の現状と課題

アンコールワット寺院の北東約30kmに位置するクーレン山は，802年にジャヤヴァルマンⅡ世が王都を宣言したクメール王朝の発祥地である。このため，クーレン山は聖なる山として，北西部にクバールスピアン（Kbal Spean）の河床彫刻，南東部に河床から立ち上がる千本リンガやスラードムライ（Sras Domrei）など数多くのクメール遺跡が遺る。また，南東部には高さ20mもの滝や16世紀につくられたプリアアントム（Preah Ang

Thom）寺院の涅槃仏などもあり，地域住民の憩いや信仰の場ともなっている。このため 1993 年に，クーレン山はその約 3 万 7,500ha が国立公園に認定され，自然保護が進められている。しかし，近年このクーレン山で樹木伐採が急速に進んでいる。

　クーレン山を衛星画像で見ると，数多くの奇妙な楕円模様を見つけることができる（写真 1-3A）。この模様は，クーレン山の南東部で多く見られ，1 つの楕円の大きさが平均約 1.7ha の面積を持ち，3,000 個以上分布する。クーレン山南東部にはアンロントム（Anlong Thum）村やポペル（Popel）村など 9 つ以上の集落があり，現地調査を行うと，住民は森林の比較的平坦な場所を伐り開いて農地にし（写真 1-3B），イネ（陸稲），豆，胡麻などを栽培してきたことがわかる。また，傾斜地では特産の赤い色のバナナ栽培もおこなっている。山内での作物栽培は，砂岩の風化した貧栄養の薄い土壌であるから容易ではない。このため，住民は乾季に森林伐採を行った後，火入れを

写真 1-3　クーレン山の景観
　注：A:アンロントム村北東部の楕円形農地　B:火入れが行われた森林伐採地　C:陸稲栽培
　　　D:赤バナナ　E:カシューの果実
　出所：Google Earth による画像（A）及び筆者撮影（B〜E）。

してその灰を痩せた土壌に追加している。しかし，それでも毎年の耕作は難しいことから，住民は伝統的に一戸あたり5箇所ほどの農地を所有し，耕作地と休閑地を順番に入れ替えてきたようである。すなわち，クーレン山にみられる多数の楕円模様は，このような農地転換を目的とした森林伐採の結果である。一方，クーレン山では2000年頃から換金性の高いカシュー栽培が導入され始めた（写真1-3E）。カシューは成長すると高さ15m もの高木になる。このため，樹木伐採後の農地にカシューを植えると緑地に見紛うが，実態は天然林が伐り拓かれたものである。しかも，クーレン山は，国立公園であるからこのような伐採は違法伐採ということになる。これら伐採地の合計面積は5,092ha で，クーレン山の総面積3万1,371ha の約16％にあたると見積っている。

2019年にクーレン山では，その東麓のスバイルー（Svay Leu）村から涅槃仏のあるプリアントム寺院にかけて，道幅数m の車道が建設された。これまで，クーレン山に上がるには，徒歩か車が利用できる西部の一方通行道路しかなかった。このため，クーレン山は周辺から隔絶された遠隔地ということができる。新たにつくられた道路は，遠隔地となっていた村々の生活を大きく変える可能性がある。しかし，建設に伴って天然林は伐採され，広く地表面が露出したことにより新たな環境が生まれている。農地転換や道路建設によるクーレン山の環境変化が，管理されたものでない限り，違法伐採と同様に将来様々な問題を生じさせる恐れが高まっている。カンボジアでも，自然を守りながら人々の暮らしを豊かなものへ変えていくことは難しく，常にどちらかが犠牲になる。持続可能な開発とは，微妙なバランスの上に成り立っていることを理解することが重要である。

注
1）カンボジアの地形図は，テキサス大学図書館のウェブサイト（http://legacy.lib.utexas.edu/maps/topo/cambodia/）で閲覧することができる。
2）砂岩の構成鉱物は石英，長石，雲母を主体とし，緑泥石やカオリナイトなどの粘土鉱物を含む（盛合，1995；Uchida, et al., 1998）。
3）ウェブサイト（http://www.cambodiameteo.com/）に詳しい情報がある。
4）ウェブサイト（http://whc.unesco.org/en/statesparties/kh）に詳しい情報がある。
5）わが国では，おもに日本国政府アンコール遺跡救済チームや上智大学のアンコール遺跡国際調

査団などが長年，遺跡の保存・修復にかかわってきた．例えば，アンコールワット西参道の保存・修復では，後者による事業が約 10 年の歳月を要して進められ，2007 年に完了した．
6) カンボジアは，1953 年にフランスの保護領から独立を果たすが，その後内戦状態に陥ってしまう．そして，ポル・ポト率いるカンプチア共産党が 1975～1979 年にかけて国内を支配した．クメール・ルージュとも呼ばれたこの政党は，階級のない完全な共産主義社会の建設をめざすとして，およそ 170～200 万人もの自国民を粛清・虐殺したとされる．さらに政権末期には，カンプチア人民共和国（通称ヘン・サムリン政権）との武装闘争から，多くの遺跡が傷つけられた．
7) シェムリアップでは，乾季と雨季の交替するサバナ気候が卓越するが，Buckley et al. (2010)，Day et al. (2012) などによってクメール王朝の後半以降，干ばつの発生が推測されている．彼らは樹木年輪や貯水池（西バライ）の堆積物分析などから，13 世紀初期，14 世紀と 15 世紀，および 18 世紀の中～後期に，モンスーンの衰退によって干ばつが発生したことを推測する．

参考文献

石油天然ガス・金属鉱物資源機構 (2005)「資源開発環境調査カンボジア王国」20 (http://mric.jogmec.go.jp/wp-content/old_uploads/reports/report/2005-10/cambodia_05.pdf) 2019 年 5 月 4 日閲覧．

南雲直子・久保純子 (2013)「カンボジア，メコン川下流平野における 2011 年洪水と河川微地形」*E-journal GEO* 8 (1) 141-152.

深野麻美・春山成子・桶谷政一郎 (2010)「カンボジア・トンレサップ湖岸北西部の地形」*E-jornal GEO* 5 (1), 1-14.

盛合禧夫 (1995)「アンコール遺跡の大地」石澤良昭編『文化遺産の保存と環境』121-135, 朝倉書店．

Buckley, B.M., Anchukaitis, K.J., Penny, D., Fletcher, R., Cook, E.R., Sano, M., Nam, L.C., Wichienkeeo, A., Minh, T.T., Hong, T.M. (2010) "Climate as a contributing factor in the demise of Angkor, Cambodia", *Proc. Natl. Acad. Sci. U. S. A.* 107, 6748-6752.

Day, M.B., Hodell, D.A., Brenner, M., Chapman, H.J., Curtis, J.H., Kenney, W.F., Kolata, A.L., Peterson, L.C. (2012), "Paleoenvironmental history of the West Baray, Angkor (Cambodia)", *Proc. Natl. Acad. Sci. U. S. A.* 109, 1046-1051.

Kingdom of Cambodia (2014), *CAMBODIAN WATER RESOURCES PROFILE* (Water Resources Management Sector Development Program, ADB Loan 2673-CAM and TA 7610-CAM), Phnom Penh, 152.

Mekong River Commission (2005), *Overview of the hydrology of the Mekong Basin*, Mekong River Commission, Vientiane, Red Plough International Co. Ltd., 73.

Mouhot, H.H. (1864), *Travels in the Central Part of Indo-China (Siam) Cambodia, and Laos: during the years 1858, 1859, and 1860 vol. 1 and 2*. John Murry, London.

Sone, M., Metcalfe, I. (2008), "Parallel Tethyan sutures in mainland Southeast Asia: New insights for Palaeo-Tethys closure and implications for the Indosinian orogeny", *Comptes Rendus Geosci.* 340, 166-179.

Uchida, E., Ogawa, Y., Nakagawa, T. (1998), "The stone materials of the Angkor monuments, Cambodia – The magnetic susceptibility and the orientation of the bedding plane of the sandstone-", *Jour. Mineral. Petrol. Econ. Geol.* 93, 411-426.

Waragai, T. (2016), "The effect of rock strength on weathering rates of sandstone used for

Angkor temples in Cambodia", *Eng. Geol.* **207**, 24-35.

Waragai, T. (2018), "Installation and observation results of the Argos system at the Angkor Wat Meteorological Observation Station", *Proc. Inst. Nat. Sci., Nihon Univ.* **53**, 1-8.

Waragai, T. and Hiki, Y. (2019), "Influence of microclimate on the directional dependence of sandstone pillar weathering in Angkor Wat temple, Cambodia", *Prog. Earth and Planet. Sci.* 6:10, https://doi.org/10.1186/s40645-019-0254-5.

第2章

歴史と政治
——ポル・ポト派（クメール・ルージュ）を中心に——

1. はじめに

　2014年12月，カンボジア王国シェムリアップ州ピエム村で，村人の幸福度に関する調査をおこなった。ピエム村は西バライ（大きな貯水池）の北西部に位置し，当時はシェムリアップからそこに行くまでの道も十分に整備されていないような僻村であった。

　大人たちがアンケート用紙に向かって記入をし始める。ワイワイガヤガヤしている大人たちの間を縫うように小学校高学年と思しき少女が跳びまわっている。何をしているのだろう。彼女の後を，視線でたどってみる。大人た

写真 2-1　アンケート調査の様子
出所：筆者撮影。

ちに何かを伝えているようだ。通訳に訊くと，文字の読めない大人たちにアンケートの質問内容を教えているのだという。この村の大人の中には，文字が読めない人たちが多いのだ。ここにもポル・ポト派による大虐殺の爪痕が残されている。この大虐殺によって教育体系が徹底的に破壊された。この破壊は単なる制度の破壊でなく，人の破壊であった。いわゆる知識人層が根こそぎにされたために，文化や知識，教育などの継承がおこなわれなくなってしまった。それが40年経った今でも，負の遺産として残っている。

　現在，カンボジアはアンコールワットをはじめとする壮大な遺跡群が観光資源となって世界中から観光客が訪れるようになっている。また，ようやく経済が活気を帯びてきている。例えば，シェムリアップの街中は，現在，建物のスクラップ・アンド・ビルドが盛んにおこなわれており，私がこの街を訪れて5年になるが，その変貌ぶりは目を見張るものがある。しかし，総じてカンボジアは，現在でも東南アジアで最も経済発展が遅れた国の一つになっており，その原因を探ると，如上のポル・ポト派が政権を執っていた期間の大虐殺にいきあたる。もちろん，その他にも長期にわたる内乱など，様々な原因があるのだが，この大虐殺が，今日に至るまでカンボジアに深刻な爪痕を残していることも確かだ。

　本章では，カンボジアの現代政治について，特にポル・ポト派に焦点を当てて論じる。尚，以下の叙述にあたっては，日本では一般化しているポル・ポト派という表現を使うが，正式名称はクメール・ルージュ（赤いクメール人）である。ポル・ポト（本名サロト・サル）はクメール・ルージュの最高指導者の名前である。

　しかし，それにしてもポル・ポトの政治とは何だったのか。今もって謎が多いし，その分だけ興味深い。謎というとき，人びとに知られていないから謎という場合もあるが，ポル・ポト政治の謎は，通常の常識では理解が及ばないという意味での謎である。ポル・ポト政治の異常さ，残虐さが強調されるのはあたりまえだが，ナチスのユダヤ人虐殺や日本軍の731部隊の所業を引き合いに出すまでもなく，そんなものは歴史をみれば枚挙にいとまがない。特に国民国家の政治では，外部に敵を作り出すのは常套手段になるか

ら，国民国家間の戦争ともなれば，ナショナリズムに駆られた国民がこぞって戦争に赴き，総力戦となり，その分だけ敵に対しては残虐に対処することになる。だが，ポル・ポト虐殺政治は，性格が違う。ひとつの民族の内部の出来事なのだ。これはどういうことなのか。ポル・ポト派の政治を見ると，政治の負の側面，愚かさ，難しさが極端な形で噴出したようにおもえる。この愚かさや難しさを究明することは，とりもなおさず政治の本質に迫ることでもある。

ポル・ポト派の政治をざっと表面的に見ても，さまざまな疑問が出てくる。例えば，なぜあれほど幼稚で狂気じみた思想を「信奉」することができたのか，なぜあれほど幼稚で狂気じみた思想が現実化しえたのか，ポル・ポト以後，とくに農村地帯では，旧ポル・ポト派の兵士だった村人とポル・ポト派に家族を殺された村人が一緒に暮らしていたりするが，これは何なのか——ここには，ポル・ポト派自体の問題もあろうが，国際社会に翻弄されたカンボジアの固有の歴史も関連している。そこで，まず大雑把に1970年代半ばまで，つまりポル・ポト派が政権を掌握する前までのカンボジアの政治をたどってみる。

2. ポル・ポト派政権以前のカンボジア政治史

2-1. クメールの栄光と没落

現在，カンボジアの主要産業のひとつとなっている観光の目玉は，アンコールワットに代表される遺跡群である。どの観光案内書にも書いてあることだが，この遺跡群の大半はクメール王朝時代に造られた。もっとも有名な遺跡であるアンコールワットはスルヤバルマン2世が，アンコールトムはジャヤバルマン7世が建造した。とくにジャヤバルマン7世は，今日でいえば一種の宗教宥和政策をとって政治的統一を成し遂げていったことで評価が高い。

ジャヤバルマン7世の時代がクメール王朝の絶頂期だとすると，その後は国勢は弱まる一途をたどった。その後はタイとベトナムの侵略に悩まされる

ことになる。特にタイのアユタヤ王朝の度重なる侵攻によって，15世紀半ばにアンコール王朝は崩壊した。その後，カンボジア王権は，両国からの攻撃を凌ぎながら，国内を転々とすることになる。この状況は，フランスの保護領になるまで，続くことになる。

2-2. フランスの支配

1863年にカンボジアは，フランスとの間に条約を締結し，フランスの保護領になった。カンボジアからすれば，この条約によって，タイやヴェトナムからの攻撃を凌ぐことができるという利点があった。フランスは，1887年にヴェトナムとラオスを植民地化したが，カンボジアもそこに組み込まれることになった（フランス領インドシナ連邦の成立）。

インドシナ3国に対するフランスの支配には濃淡があり，フランスが重視したのはヴェトナムであった。ヴェトナムが3国の中で比較的恩恵を受けた。実際，フランスは，ヴェトナム人を官僚にしてカンボジアやラオスの統治をおこなった。フランスの植民地支配は，イギリスのように植民地を発展させることによって本国の利益を考えるというよりも，概して搾取するだけといった観がある。しかし，ヴェトナムについていえば，ヴェトナム語をアルファベットに変換する方法を考案し，その後の西欧世界とのコミュニケーションに大きな利点となった。一方，カンボジアはとなると，フランスに搾取されっぱなし，また曲がりなりにも独立を果たした後でも，これから見るように国際的なパワーポリティクスに翻弄されっぱなしなのである。

2-3. フランスからの独立

第二次世界大戦後のアジア・アフリカ諸国独立の気運のなかで，カンボジアもシハヌーク国王を中心として1949年に限定的独立を獲得したが，司法権・警察権・軍事権など国家統治の枢要な部分はフランスに抑えられたままであった。しかし，1953年，ヴェトナムでの民族解放運動に苦しむフランスに対してシハヌークは独立を宣言し，上記三権が移譲され，完全独立を達成した。

第二次世界大戦後の国際情勢を考えるとき，米国を中心とする自由主義陣営とソ連を中心とする社会主義陣営のせめぎあいを抜きにするわけにはいかない。東南アジアの場合は，さらに中国（中華人民共和国）の影響も考えなければならない。カンボジアの政治もこうした複雑な国際関係の中で翻弄されることになる。

　シハヌークは自らの政党「サンクム」（人民社会主義共同体）を率いて選挙に大勝し，右派から左派までの統一をはかった政治体制をつくりあげた。右派にはロン・ノル将軍などの親米派の軍人，左派にはフランスへの国費留学生であったキュー・サンパン，フー・ニム，フー・ユオンなどがいた。対内的には仏教と王政のもとに民主主義・社会主義の両立を唱え，対外的には中立主義を掲げた。当初はシハヌークの政策は農業開発や工業化の発展など一定の成果を挙げたが，その後経済は行き詰まることになる。

　共産主義に対しては，王政の脅威となるため，徹底的に弾圧した。同じフランス留学組であっても，共産主義に傾倒していたポル・ポトやイエン・サリは，地方の山村や農村でシハヌーク王政に対する反対闘争を組織していた。共産主義勢力内部にも諸派があったが，最終的にはポル・ポト派が主導権を握ることになった。

　ヴェトナム戦争が激化するなかで，親北ヴェトナムの姿勢をとっていたシハヌークは米国の不興をかい，米軍と南ベトナム軍によるカンボジア領内への空爆がおこなわれた。これに呼応してカンボジア国内のロン・ノルを中心とする親米右派は67年頃から，反シハヌーク，反左翼の姿勢を強めていく。70年，ロン・ノルはクーデタをおこし，共和制政権を樹立した（クメール共和国）。

　これに対し，シハヌークは，共産主義勢力と組んで，反米反ロン・ノルのカンプチア民族統一戦線を結成した。カンボジア国内へ米軍は激しい爆撃を加えたが，無辜の農民がこの被害にあう場合も多く，一般民衆の間でも，反米反ロン・ノルの感情が高まっていった。ただ，ここで注意すべきは，カンプチア民族統一戦線は，国民に人気のあるシハヌークを顔として前面に押し出してはいたが，実権は共産主義勢力にあり，中でも徐々にポル・ポト派に

よって握られていったことである。ロン・ノル政権が 1975 年に打倒されたとき，カンボジアの人民はシハヌークによる平和がもたらされると期待していた。しかし，そのあとを襲ったのはシハヌークではなく，ポル・ポト派であった。ここからポル・ポト派による悪夢のような政治が開始される。以下，ポル・ポト派の政治について，思想的な側面も含めてみてみる。

3. ポル・ポト派の政治と共産主義

3-1. ポル・ポト派の政治

　1975 年 4 月，ポル・ポト派が実権を握ったカンプチア民族統一戦線は首都プノンペンに入場するが，「米軍の爆撃がある」「食料がない」等の曖昧な理由をつけて，すぐに市内にいた人間を全員農村部に追い出しはじめた。市民に何ら考える時間も与えず，旅出の準備もさせられないままに，突然，銃で脅され追い立てられていった。このときに家族が離れ離れになった者もいれば，荷物をとりに家に戻ろうとして銃殺されたものもいたという。ポル・ポト派は「彼らの勝利は軍と党，そして労働者，農民の勝利」であると主張したが，彼らが追い出そうとしたプノンペン市民の大半は「地方から流入した貧困な難民」であり，革命によって自らが救済しようとした弱者を，結果的に迫害することになった（D. P. チャンドラー 1994＝170）。また，このときロン・ノル体制の軍人や公務員，知識人は一カ所に集められ虐殺された。同じようなことは，プノンペンのみならず他の都市でも起こった。D. P. チャンドラーは多くの証言をもとに，この様子を次のように描いている。

　「何十万という男女，そして子供たちが道路上へと追われ，一年で最も暑い四月に徒歩旅行を強いられた。その後二，三週間のうちに，極度の疲労，日射病，あるいは栄養失調などで何千という人々が死んだ。老人と幼児がもっともひどかった。雑踏と混乱の中で，家族も離れ離れになった。永遠に離れ離れになる場合も少なくなかった。一週間もしないうちに，首都もバッタンバンも，共和国側に支配されてきた他のどの市町も，無人の街と化して

しまった」(D. P. チャンドラー 1994＝171)

　これは象徴的な風景なのだが，これをどう理解すればいいのか。ポル・ポト派は何を企図していたのか。ポル・ポト自身が，用心深く疑心暗鬼の塊のような人物であったという指摘はよくなされる。ポル・ポトがプノンペンに入ったのはこの強制退去が終わって数日経ってからだが，これは自分の敵がどこに潜んでいるかもわからない状態のプノンペンに入って，自らを危険に晒したくない個人的な意図がはたらいていたとの指摘もなされる。確かに，その後のポル・ポト派の「恐怖政治」には，疑心暗鬼と猜疑心に触発された側面があるようにおもわれるからだ。しかし，それ以上に重要だと思われるのは，ポル・ポト派の革命観がここに投影されていることである。

　ポル・ポト派政権は「直接的な共産主義（原始共産主義―註）の実現をめざして，市場，貨幣，学校，病院を廃止し，仏教およびあらゆる宗教を否定し，全国民を「サハコー」（合作社）と呼ばれる人民公社に収容して管理し」（熊岡　1993＝38）ようとしたことが後になるとわかる。サハコーは強制収容所であり，強制労働キャンプにほかならなかった（熊岡,同前）。原始共産主義については，この後で論じることにして，ポル・ポト派が企図したのは，比喩的にいえば，既存の建造物を徹底的に破壊し，いわば地ならしをした後で，まったく新しい建物をそこに建てようとすることであった。概して革命家と称する者たちが陥りやすい罠なのだが，これは，人びとの心性（メンタリティ）も含めて，歴史的経験が蓄積された制度や組織の持つ慣性（モメンタム）を軽視していることを意味する。また，自分たちが築きあげようとしている新体制が旧体制よりも人びとに益する優れたものであるという根拠がどこにあるのか。否，それ以前に，人びとに多くの犠牲を強いる「追い出し」を実行したこと自体が，民衆のことを何も考えていないことの証左ではないのか。確かに，都市部住民と農村部住民との間に経済的・社会的な格差はあったであろう。だが，これは構造的な問題である。いくら原始共産制の実現を企図したとしても，都市部住民を農村にそのまま追い出すことを正当化する理由にはならない。あくまでも構造的な問題として処理されるべきであり，都市部住民を苦しめても

何の解決にもならない。

　いわばゼロからまったく新しい組織を立ち上げることは，民衆を路頭に迷わせる危険を冒すことである。例えて云えば，古い建物を破壊したが，新しい建物が立つまでには時間がかかる，しかも新しい建物のしっかりした設計図があるわけでもないし，本当に立つのかも怪しい。とすれば，建物を破壊された後，民衆は野ざらしにされて，どうやって生活を凌いでいけばいいのか。古い建物でも，十分ではないにしても雨露をしのぐことはできたではないか。そういったシェルターを完全に破壊してしまい，何も建設することはなかったのである。それがこの後ポル・ポト革命がたどった軌跡であった。

　概して革命家なるものは，既存の制度や組織を破壊することは得意で，また権力闘争に長けているが，新しいものを建設的に造りあげる能力において劣る。破壊した後のヴィジョンが十分には描かれていないのだ。この弱点がポル・ポトの革命においては，増幅されて現われたようにおもえる。政権をとるまでの，ポル・ポトの狡猾な権謀術数は見事かもしれないが，政権奪取後のヴィジョンは怖ろしいほど貧困であった。

　原始共産制を柱にしたポル・ポト政治の具体的な場面については以下に項を設けて検討することにして，ここでは79年のポル・ポト政権崩壊に至る経過について大雑把に俯瞰しておく。

　ポル・ポト派が政権をとっても，当初は，国際社会からはカンボジアで何が起こっているのかは分明になっていなかった。ポル・ポトという人物さえ明らかではなかった。政権をとるまでは，国民に人気のあったシハヌークを前面に出していたが，政権奪取後，シハヌークは軟禁状態に置かれ，外部との接触も禁じられた。ポル・ポト政権も，国際社会からは孤立していくことを望んでいた節がある。原始共産制を主張するのであれば，国際経済から切り離した方がよいという判断も，浅はかではあるが，あり得たのであろう。また，ポル・ポト派が信用していたのはわずか中国と北朝鮮だけで，その他の国に対しては「敵」という認識であった。山田寛は「ユニセフ（国際児童基金）やWFP（世界食糧計画）などの援助だけでも継続的に受け入れたら，ポル・ポト政権時代を通じて死に追いやられた人々の総数は，半減したかも

しれない」(山田 2004＝95) と推測している。ここでも，民衆の生活を第一に考えるなどという視点が欠落していることがうかがわれる。民衆の支持を得られないならば，革命もへったくれもないのに，だ。何のための革命なのかという基本視点が失われてしまっている。

　この後で述べるが，ポル・ポト派は国内的には，自らの革命に批判的な者，反対意見をのべる者を粛清しまくり，知識人を原始共産制に役立たないとして虐殺しまくった。大規模な土木事業や農業事業を行おうにも，指導者層が欠け，知識がないから，いきおい作業はずさんでまっとうな成果を挙げることができない。主食であるコメを含め生産力は落ちる一方で，民衆は飢餓を含め，あらゆる苦境に立たされることになる。国家としても，その力をどんどん失っていくのである。

　1977年12月には，ヴェトナムとの国交断絶を発表している。カンボジアは歴史的に反ヴェトナムの感情が強いが，当時ヴェトナムは共産主義政権であったから，ここまでの関係悪化は予想外であった。だが，この背景にはヴェトナムを支援するソ連とカンボジアを支援する中国の対立があった。1978年2月，ヴェトナムは和平のための3項目提案をおこなったが，ポル・ポト政権はこれを拒否した。ここに至って，ヴェトナム側は武力介入による解決を決意したとおもわれる。12月2日，ポル・ポト政権打倒を掲げるカンボジア救国民族統一戦線が結成された。この戦線には，ヘン・サムリン（議長），フン・セン（中央委員）などのほかに，仏教徒代表，知識人代表も加わっていた。こうして，同月25日，ヴェトナム軍とカンボジア救国民族統一戦線の共同による大攻撃が開始され，翌年1月5日にポル・ポト政権は打倒された。ポル・ポト派はタイ国境の山岳地帯へと追いやられた。たしかに戦力の差はあったが，わずか2週間でポル・ポト政権は崩壊したわけで，いかにその支配が脆弱なものであったかが見てとれる。

3-2. ポル・ポトとは何者なのか

　ポル・ポト派の指導者とされるポル・ポトとはいかなる人物なのか。ポル・ポト派の愚行・蛮行を一人の人間に帰するわけにはいかないにしても，

彼の革命観・社会主義観などがある程度、そこに投影されていると考えるべきだろう。

　カンボジアの独立後の左翼運動は、フランスへの国費留学から帰国した若者たちが中心になっていた。ポル・ポトもその中の一人であり、49年から52年までの留学期間中に共産主義に傾倒しフランス共産党に入党した。だが、キュー・サンパンのように知識人として目立った活動をしていたわけでもなく、政権をとるまではむしろ目立つことを避けていたように見える。

　ここで注目しておくべきは、当時のフランス共産党はスターリン主義の牙城であり、ポル・ポトが影響を受けた共産主義はとりもなおさずスターリン主義である可能性が高いことである。今日、スターリンや毛沢東の名前はトータリタリアニズムと結びつけて否定的に捉えられるのが一般的であるが、共産主義というイデオロギーが信奉の対象となり、ソ連や中国が希望の星であった時代が確かにあったのだ。その熱狂の中で、今から考えれば、理解しがたいような政治的行為が行われもしたのである。戦後のフランスにおいて、メルロ＝ポンティやさらにはサルトルといった代表的な知識人が、一時的にもせよ、また結果的にもせよ、スターリン主義の擁護論を展開したことがあったのである。これは、我が国をみても、1980年代までの既成左翼（共産党や社会党）や1970年前後の我が国の左翼過激派の運動を見れば容易に理解されるところだ。しかし、誤解は誤解である。ポル・ポト派の政治を見るとき、それは紛うことなきトータリタリアニズムであった。

　もう一点、注目しておくべきことがある。山田寛によれば、1952年にシハヌーク国王（当時）が政治の実権を握ったとき、ポル・ポトはカンボジア人留学生機関紙の特別号に「王制か民主主義か」と題する論文を発表、ダントン、ロベスピエール、スターリン、レーニン、孫文らの名を挙げ、王制を打倒し民主主義を導入した革命を讃えている」（山田 2004＝22）という。実物を読んでいないので何ともいえないが、民主主義、しかもダントンやロベスピエールへの着目をみると、社会底辺からの過激な民主主義革命を志向しているようにみえる。後年、政権をとったとき、先にも触れたが、ポル・ポトは「労働者、農民の勝利」であり、最も虐げられてきた人びとが権力をに

ぎったと語ったという。革命をそのようにとらえていたことは確かであろう。問題は，現実との乖離である。政権をとったのはポル・ポト派であり，人民の視点に立てば，ポル・ポト政権は厄災，しかも人類史上かつてないほどの厄災をもたらしただけだ。この乖離に対して，全く理解が及んでおらず，独りよがりの満足があるだけだ。（これは，連合赤軍にみられたように，日本の過激派集団だって同じようなものだ。笑うわけにはいかない。）

いつだって革命家は，虐げられた人民のために革命を起こす，あるいは起こそうとするのだ。だが，結果の多くは人民から遊離したものとなる。とくに20世紀の共産主義革命の多くはそうであった。このことには何かしら繋がりがあると考えるべきではないのか。

3-3. ポル・ポト派の共産主義思想

思想史上のことでいえば，共産主義（マルクス主義）思想の起源は19世紀のマルクスとエンゲルスにあり，彼らの思想を信奉するレーニンによって主導されたロシア革命によってソビエト社会主義共和国連邦（ソ連）が成立したとされる。今日，マルクス自身の思想といわゆるマルクス主義が全く別ものであることは，思想史上の常識に属する。また，同じことを別様に云うだけだが，20世紀のソ連に代表される現実の社会主義国家の在り方が，マルクス思想の実現とは全く異なることも，常識に属する。だが，これらはさて措いていい。はっきりした歴史的事実として云えることは，20世紀に成立した社会主義国の多くは独裁体制を採っていたことである。スターリン支配下のソ連，毛沢東の中国，金日成の北朝鮮，チャウシェスクのルーマニアなど，後にトータリターリアニズムと批判されるような体制をとっていた。その淵源を社会主義国を中心に見てみれば，① レーニンがプロレタリア独裁を誤解したこと，② アジア的な心性（メンタリティ）がこれに輪をかけることになったことなどが挙げられるが，これらは，それほど上等ではないが，ポル・ポト派の政治にも当てはまる。

①まずレーニンの誤解について。20世紀の共産主義運動を最初に統御しているのはレーニンである。レーニンは「前衛党の理論」においてマルクス

思想を大きく変更した。これは「プロレタリア独裁」の理解にも関連する。

　先進資本主義国で革命が起こるというマルクスの予言に反して，最初の社会主義革命が起こったのは，当時，資本主義が未発達であった後進国ロシアにおいてであった。当然，後進国における社会主義革命は，先進国と変わらざるをえない。レーニンによれば，一般の労働者は外からの働きかけがない限り社会主義者にはならないし，自然発生的に革命が起こるわけでもないとし，この外部からの働きかけをおこなう少数のインテリ的職業革命家集団すなわち前衛党の必要性を唱える。この前衛党は，一定の討論を前提にして決定がおこなわれるが，その決定は絶対的で，無条件にその執行が要求されるという集団的組織原理をもつ。この前衛党の理論は革命後も統治の原理となってゆく。

　しかし，本来，マルクスの思想においては幻想共同体としての国家の解体が考えられており，国家を解体していく移行段階として想定されたコミューン型国家（過渡期の「反」国家ないし開かれた国家）においてプロレタリア独裁が問題にされた。プロレタリアートの独裁とは「反」国家権力をプロレタリアートが掌握することに他ならない。つまり，「プロレタリアートの独裁」とは，国家を死滅の条件に向かって開くための国家権力の解体の掌握であり，それは同時にプロレタリアートが自己を自らの手によって死滅させる俎上に立たせることを意味する。

　しかるに，レーニンは，プロレタリアートの前衛集団とプロレタリアートは全く別のものであるにもかかわらずそれらを等置し，プロレタリアートの独裁を「プロレタリアート前衛集団による国家権力の近代民族国家的な掌握」に置き換えたのである（吉本　1980＝98）。当然この経路からは，国家権力と結びついた前衛集団（前衛党）が絶対視されていくことになる。そこでは，「プロレタリアートの独裁＝〈前衛党〉の独裁＝党中央委員会の独裁」という図式が成立し，これらの少数のエリートが絶大な権力をもって君臨してゆくことになる。ここでは，民衆は啓蒙や操作の対象としてしかあらわれない。

　だが，このような前衛集団の社会認識が，現実の労働者のそれよりも正し

いという保証はどこに求められるのか，このような集団が権力を握ったとき，独裁化する危険はないのか，等の疑念が，既に当時から指摘されていた。この危惧はレーニンの後継者としてスターリンが権力を握って独裁体制を敷いたとき，現実のものとなる。スターリンは，自身に対する個人崇拝の強制，秘密警察・官僚制の強化・肥大化，言論の自由の徹底的な抑圧，反対派の粛正，対外的侵略戦争など，後に典型的なトータリタリアニズムとして批判されることになる負の遺産を残すことになった。

　②もう一つ，アジア的な心性(メンタリティ)の問題がある。ヨーロッパ以外の地域に成立した社会主義国家は，思想やイデオロギーとしても奇妙なところがあるが，現実の体制としてはさらに奇妙である。アジア的なデスポティズム（専制主義）がそこに影を落とす。スターリンの体制，毛沢東の体制——これらは社会主義（共産主義）の看板は掲げているが，事実上は，ツアーリズムの継承であったり，別の王朝を樹立したようなものであった。そこでは，思想やイデオロギーは現実を仮装する手段として使われている。少なくともそう見える。こうした「アジア的な社会では，前衛集団の内閉，密教化，プロレタリアートの専制への転化，等の危険をはらむ」（吉本 1980＝98-9）こととなり，プロレタリアートの前衛集団と，プロレタリアートや民衆との間をさらに引き離すことになる。そして，このような内閉化した集団にあっては，コントロール不可能な陰湿な権力闘争が展開される。疑心暗鬼が増幅され，コントロール不可能になっていく。その中で，常軌を逸した判断がなされたりすることになる。事実，ソ連においても，中国においても，さらに日本の左翼過激派集団においても，そうした傾向がみられた。

　こうした特質は，ポル・ポト派の政治のなかにも明らかに見て取れる。ポル・ポト派の政治は，共産主義過激派集団による革命の負の特質をことごとく備えている。ソ連や中国ですでに起こったことを，さらにお粗末にして焼き直したような観がある。過激な原始共産制の導入は，その最たるものである。これは，次に述べる文化大革命（以下，文革）の影響を受けたものと見られる。

　革命は，その行為自体が理想の追求なのだが，ポル・ポト派においてはそ

の理想が十分に検討されていない。また，それを実現する経路についても検討されていない。原始共産制の導入——どうしてこういう発想が出てくるのだろう？　歴史の歯車を逆戻りさせることはできない。原始共産制の理念を突き詰め，「現在」という条件を考えながらそれを実現していくというのなら，まだ話も分かる。だが，やったことは「現在」を単に否定した（破壊した）だけである。先に触れたようにポル・ポト派は，市場や貨幣，学校，病院を廃止しようとした——しかも政権をとるや直ちに廃止しようとした。廃止した後にどういう状態がやってくるのか，全く考えられていない。おそらく共産主義の何たるかについても全く理解されていない。すべてが行き当たりばったりなのである。これでは革命ごっこをやっている低知能集団ではないか。もう少し頭を使って考える者はいなかったのか。柔軟な社会主義を模索し農民政策を真剣に考えてポル・ポトと対立したフー・ユオンなどがいたが，革命集団の常で，権力闘争に巻き込まれ粛清されている（山田 2004＝72-7）。こういうことが起こると，次は自分の番かと自由な意見は封じられ，集団はますます内閉化していく。ポル・ポト自身は，毛沢東と似ていて，権力闘争といった陰湿なところでは権謀術数の限りを尽くして力を発揮するが，また破壊においては力を発揮するが，いざ新しいものを建設するとなると，からっきし無能であった。現状把握もあまりにも単純で楽観的過ぎるし，確固たる将来構想も無いから，わけのわからない無能政策を打ち出すことになる。中国でいえば大躍進や文革がその無能政策にあたるが，ポル・ポトの政治も，同じようなものであった。

　一般に国家が改まった場合，新国家の理念や運営の基本方針が憲法として明示される。ポル・ポト派の政権も，1976年1月に民主カンプチア憲法を公布・施行した。この憲法は，しかし，全16章21条のきわめて簡便な内容で，叙述の形式もおよそ憲法らしくない檄文のような趣である。なによりも，このような無内容な憲法しか作ることができなかったところに，またこのような憲法を臆面もなく公布するところに，ポル・ポト派に何ら確固たる将来設計が存在しなかったことの証左を見ないわけにはいかないのである。（尚，民主カンプチア憲法については，（四本 1999）に資料として翻訳され

ている。)

3-4. 文化大革命の影響

　ポル・ポト政権の政治を見るとき，中国の文革を想起させる。いずれも，確固たるヴィジョン及びそれを実現する綿密なプランをもっていなかった。民衆の現実の生活に寄り添うという視点も皆無であり，ただの権力闘争があるだけだ。独りよがりで，行き当たりばったりの政治があるだけだ。ここには前衛理論の欠陥が鮮明にあらわれてもいる。実際，ポル・ポトを含めポル・ポト派の首脳は中国に滞在して文革を推進した人物との個人的なつながりをもったこともあり，文革を支持している。

　広義の文革は「65 ないし 66（1966 年―註）から 76 の毛沢東の死に至る時期にみられた毛の理念の追求，ライバルとの権力抗争といった政治闘争にくわえて，それらの影響を強く受けながら，大嵐のごとき暴力，破壊，混乱が全社会を震撼させ，従来の国家や社会が機能麻痺を起こし，多くの人々に政治的，経済的，心理的苦痛と犠牲を強いた悲劇的な現象の総体を称する」（天児　1999 = 60）とされるが，ポル・ポト派の政治と驚くほど似ている。

　人民公社の建設や社会主義政策を急進的に進めて壮大な失敗に終わった「大躍進」の後処理として経済の立て直しを主導した劉少奇や鄧小平の政策を，毛沢東が批判するところから，文革は始まっている。劉・鄧の政策は一定の成果を挙げつつあったのだが，そのことによって自らの地位が相対的に揺らぐことになった毛が巻き返しを図ったという，一種の権力闘争の側面がある。その批判の視点は，経済政策を中心に据えた劉や鄧の路線を否定し，政治的・思想的な革命路線への変更であった。もちろん，指導者層における権力闘争の色彩も濃いものであった。ただ，注目すべきは，こうした混乱の中にあって，文革自体は産業化や経済の全体としての底上げというよりは，平等や格差解消が目指されたことであった。天児慧の表現をかりれば，「精神労働と肉体労働，都市と農村，工業と農業の格差を問題にした「三大差別の撤廃」などもっぱら平等主義が強調されるようになり，やがては物質的な豊かさの追求は堕落そのもの，つまり「資本主義の道を歩むもの」といった

単純化された考えにとりつかれるようになった。そして経済建設に力を入れようとする官僚も技術者も知識人も「危険な対象」になっていったのである」（天児 1999＝78, 傍点引用者）。およそ本末転倒した錯乱気味の見解だが、大まじめにこんなことが主張されていたのである。自らが主導し失敗した大躍進への反省はどこにいったのかといいたくなるような内容であり、こうした空無な言葉を受け入れられるほど、当時の現実は混乱していた。

ポル・ポト派が政権に就いたときに、あの野蛮な原始共産制を実行に移そうとしたのは、こうした文革の影響があった。先に述べたように、ポル・ポト派において共産主義に対して確固たる認識を持っていたわけではない。否、共産主義とまでいわなくとも、さしあたっての政治をどうするのかについても、十分な見識を持っていたわけではないようにみえる。結局どうするかというと、どこかから借りてくるしかない。そして、それが文革だったのである。しかも悪いことに、この馬鹿げた考えを、ポル・ポト派は革命の「出発点」に据えているのである。山田は「サル（ポル・ポト—註）の中国訪問が彼に与えた影響はひじょうに大きかった。大躍進（本当は惨めな結果に終わったが）、人民公社、土着革命論、毛語録、中国式情報活動と粛清、文化大革命の萌芽など、毛沢東革命の思考やノウハウが、後のポル・ポト革命に直輸入されることになった」（山田 2004＝32）と書いているが、正鵠を射たものである。先の天児引用文の傍点を付した箇所は、おそらく、そのままポル・ポト派の知識人の大虐殺につながるものである。

3-5. 大虐殺

ポル・ポトの名前を国際的に知らしめることになったのは、何よりも大虐殺によってである。この大虐殺が衝撃的であったのは、単に虐殺された人間の数の問題ではなく、その内容においてである。原始共産制を実現するために家族は解体され、反抗したり不満をもらすものは容赦なく殺されたという。また、直接的な処刑ではないが、例えば先に触れた大都市部から農村への強制退去や、人海戦術による大規模な土木作業や農作業の過程で命を落とす者の数も100万単位であったと推定されている。

後世への影響という点で大きいのは知識人の虐殺である。おそらく，文革の影響だと思われるが，ポル・ポト派にとっても「経済建設に力を入れようとする官僚も技術者も知識人も「危険な対象」になって」いき，知識人であるいうだけで，処刑されていった。しかも知識人の基準を「眼鏡をかけている」といった，およそ根拠のない点に求められたりもした。こうやって，当時のカンボジアの人口の5分の1とも，4分の1ともいわれる数の人間が殺された。知識人の虐殺によって，社会の指導層が壊滅的な打撃を受けることになった。ポル・ポト派の政権が崩壊してから40年経つが，先にも述べたように教育や医療といった分野においては，その痛手からいまだに完全に回復していないのである。

3-6. 子どもの〈活用〉

　知識人の虐殺の裏面を為すことになるが，子どもの重視もポル・ポト政権の特徴をなす。これも文革における紅衛兵の重用にヒントを得たのであろう。文革を主導する毛沢東のアジテーションに最もよく反応したのは，感受性が豊かで情緒的な若者たちであった紅衛兵であったという。既存の権力や旧体制の悪弊に染まっておらず，旧来の知識・外国からの知識に汚染されていない子どもこそが，未来の社会を構築する礎であるとして，重視され期待をかけられることになった。子どもをたいせつにすること自体は当たり前のことだ。だが，この政権は，子どもを兵士に仕立て上げたり，獄吏に仕立て上げているのである。また，教育を否定し，知識を否定しておきながら，子ども医師，子ども看護師，子ども薬剤師を仕立て上げもした。とりわけ，子ども医師についていえば，近代医療の知識もない子どもが外科手術をおこなったり，また近代以前の怪しげな施療をするわけであるから，病死する者も急激に増加することになった。これは，間接的な殺人（虐殺）に他ならない。およそ常軌を逸していることが平然と行われていたのである。

4. ポル・ポト政権後の混乱と収拾

4-1. カンプチア人民共和国と民主カンプチア連合政府

　悪夢のようなポル・ポト政権が崩壊したこと自体はカンボジア人民にとって喜ばしいことであったが，内乱が終息したわけではなかった。ここでもカンボジアは国際関係に翻弄されることになる。

　カンボジアに侵攻したヴェトナム軍は，人民革命評議会（後の人民革命党）のヘン・サムリンを議長とするカンプチア人民共和国（People's Republic of Kampuchea）の樹立を支援した。その後も，ヴェトナムは，軍事・人事の両面にわたってヘン・サムリン政権を支え実効支配することになる。そしてヴェトナムの背後にはソ連の支持と援助があった。

　ここで注意すべきは，ヘン・サムリンに対しては別としても，カンボジア人民の間には根強い反ヴェトナム感情があったことである。ポル・ポト派の支配は終わったが，かといってヴェトナムによる支配もカンボジア人民からすれば受け入れがたかった。

　一方，国際社会に目を転じると，ソ連と対立する中国，また反共産主義政策を採っていたASEAN諸国は，ヘン・サムリン政権を容認せず，それに対抗するために1982年，民主カンプチア連合政府（The Coalition Government of Democratic Kampuchea）の成立を支援した。シハヌーク派（カンボジア民族統一戦線），ポル・ポト派，ソン・サン派（クメール人民解放戦線）の3派の連合政府であった。事態をさらに複雑にしていたのは，カンボジアを実効支配していたのがカンプチア人民共和国であったのに対し，国連の代表権を持っていたのは民主カンプチア連合政府だったことである。

　こうして再び内戦状態が出来することになった。87年ころから，両者の間で和平に向けての協議がおこなわれていたが，状況が大きく変化する契機になったのは，89年ヴェトナムのカンボジアからの完全撤退であった。国際社会における冷戦が終結し，ヴェトナムはソ連からの支援を望めなくなり，自国はおろかカンボジアへの政策も変更せざるをえなくなったので

ある。

4-2. カンボジア和平協定

1991年，カンボジア国内の4派を含む19カ国によって，パリでカンボジア和平協定が締結され，選挙を実施しカンボジア新政府を樹立することが承認された。それまでの期間は，これまでの内戦の当事者からなるカンボジア最高国民評議会（SNC）と，明石康国連事務総長特別代表が統括する国連カンボジア暫定統治機構（UNTAC）が統治した。

93年に総選挙（全120議席）がおこなわれ，選挙結果はフンシンペック党が58議席，人民党が50議席であった。9月に新憲法が公布され，立憲君主制のカンボジア王国が誕生し，シハヌークが国王に復位した。尚，ポル・ポト派はこの選挙をボイコットした。

その後，フンシンペック党と人民党の間で対立が顕著となり，武力衝突まで発生したため，1998年の総選挙（全122議席）は国際選挙監視団のもとで実施された。結果は人民党64議席，フンシンペック党43議席で，人民党のフン・センが首相となった。

カンボジア王国は1999年にASEANに正式加盟し，2002年には初めてとなる民主的地方選挙がおこなわれた。2003年の総選挙（全123議席）では人民党が議席を増やし73議席を占めた。その後，フン・センの人民党政権が現在まで続いている。2013年の総選挙では，49％の得票率であった人民党に対して，最大野党の救国党は45％まで迫った。2017年6月の地方選挙でも，救国党の勢いは衰えず，人民党の51％に対して44％の得票率であった。人民党の長期政権に対する批判，変化を求める国民の声が大きくなっていったのである。これに対し政権側では，同年9月，救国党のケム・ソカ党首を逮捕し，11月には最高裁が救国党に解党命令を出した。こうした中で2018年の総選挙が行われ，結果は云うまでもなく与党の圧勝に終わった。とうぜんこの選挙の公平性について国際社会から疑問と批判が相次いだ。腐敗や汚職に取り組む国際NGOであるトランスペアレンシー・インターナショナルが発表した2018年の腐敗認識指数（政府・政治家・公務員などの

腐敗度）によると，カンボジアは180国中161位であり，東南アジアでは最低である。カンボジアの民主化は，まだまだ遠いといわなければならない。

5. おわりに

ポル・ポト派の動向について，最後に触れておこう。山岳地帯やジャングルを中心にゲリラ活動を続けていたが，選挙をボイコットしたことなどから孤立を深め，1998年のポル・ポトの死や，1999年のイエン・サリ，タ・モクといった中心人物の離脱によって，事実上消滅した。

最後までポル・ポト派の抵抗の拠点となったアンロンベンのさらに北方のタイ国境近くにポル・ポトが火葬された場所がある。2019年3月，そこで出会った，かつてポル・ポト派の兵士であったという年輩の男性に訊いた，「ポル・ポト派が解体した後で，この地で，民衆の間に混じって生きていくことは難しかったのではないか？」。彼はこたえた，「そんなことはなかった。この地域の民衆からするならば，私たちがタイ軍の侵入を防いで，彼らを守っていたというところもあるんだよ」。シュムリアップの北方のプノ

写真 2-2　ポルポトの火葬場所
出所：筆者撮影。

ン・クーレン（クーレン山）地区もポル・ポト派が最後まで抵抗したところだが，2018年9月，そこで内戦の頃の様子を年輩の女性にきく機会もあった。「あの頃は，いろいろな軍隊が入れ代わり立ち代わり村にやってきては，食料などをもっていった」。一般の民衆からすれば，内戦状態でさまざまな集団が入り乱れて，民衆の上の方で争いをやっていた。その様子がわからないままに，そのツケを民衆が払わされた。そしておそらく，民衆の中には，何もわからないままに兵士となり，敵・味方にわかれて戦いあった人たちも数多くいたのだ。こうした経験を持つ人たちにとって，何もかも明るみに出すことに，どのような意義があるのだろう。生きていくためには，掘り返さないでそっとしておく方がいいこともある――言外に，また沈黙のうちに，彼らはそう語っていたようにおもえた。

参考文献
天児慧（1999）『中華人民共和国史』岩波新書。
(一財)自治体国際化協会（2015）『Clair Report No.426 カンボジアの地方行政』。
熊岡路矢（1993）『カンボジア最前線』岩波新書。
新川加奈子（2008）『カンボジア 今――ポル・ポトの呪縛は解けたのか』燃焼社。
チャンドラー, D. P. (山田寛訳)（1994）『ポル・ポト伝』めこん（原著は1992）。
永瀬一哉（2012）『クメール・ルージュの跡を追う――ジャングルに隠れたポル・ポト秘密司令部』同時代社。
船越美夏（2013）『人はなぜ人を殺したのか――ポル・ポト派，語る』毎日新聞社。
山田寛（2004）『ポル・ポト〈革命〉史――虐殺と破壊の4年間』講談社。
吉本隆明（1980）「アジア的ということⅡ」『ドキュメント吉本隆明① 〈アジア的〉ということ』2002，弓立社。
四本健二（1999）『カンボジア憲法論』勁草書房。
Khamboly Dy, *A History of Democratic Kampuchea (1975-1979)*, 2007, Documentation Center of Cambodia.

第3章

外国語教育
―――過去・現在・そして未来への課題―――

1. はじめに：カンボジアの地理・歴史・民族・社会的背景

　はじめに，基本的な知識であるが，カンボジアの地理・歴史・民族・社会的背景をざっと抑えておこう。まず，カンボジア王国は，メコン川とトンレサップ川が国内を横断しており，気候は亜熱帯モンスーン気候である。従って，1年間のかなりの期間が比較的暑い状態である。5月中旬から10月上旬までが雨季，それ以降の5月上旬までは乾季となるが，2月から5月にかけてはとくに暑く暑季と呼ばれる。月最高気温は，ほとんど毎月どこでも30℃を超えて，4月がピークになるので暑季と呼ぶのは当たっている。地理的には，タイ，ベトナム，ラオスのASEAN諸国と国境を接している。民族的には，クメール人が90％以上を占めており，従って政治・経済・文化の主流集団をクメール人が形成している。その他には，ベトナム人・華人・チャム族・クイ族などの少数民族が国内に分布している。

　その民族集団の多様性は，言語状況にももちろん反映されている。言語と文化は切り離すことが到底不可能であるからである。共通語（主要言語）はクメール語であり，その他には英語・フランス語・中国語・ベトナム語・チョング語・クイ語・ブラオ語などが使用されている。フランス語は，後に詳しく述べるが，かつてフランスの植民地であったこともあり，現在でも，外交・行政・高等教育では影響力が強く残っている。英語に関しては，こちらも，後に渡って詳細に説明するが，近年の国際社会・グローバル社会の変動により，英語の使用は拡大傾向にあると言って良いだろう。

2. カンボジア調査出張（日本大学文理学部）

　2017年12月23日から2017年12月29日まで，日本大学文理学部の専門を異にする7名の教員（藁谷教授・落合教授・上之園教授，大塚教授，山本教授，竹村教授，そして小林）と大学院生1名で調査・研究出張する機会に恵まれた。近年のカンボジアは，発展途上国と言えども急速に目覚ましい経済発展を遂げていると聞いていたので，楽しみではあった。事前に勿論文献である程度は予備知識を得てはいたが，初めてカンボジアに飛行機で降り立った際，シェムリアップ空港は予想以上に近代的で，観光客を意識した歓迎ムード漂う雰囲気で，第1印象は紛れもなくポジティブであった。私の場合は，外国語教育・英語教育担当だったので，調査方法は，インタビューと観察を用いた。以下の写真を参照されたい。次の2枚の写真は，クーレン山のムレアカット村での妊婦女性へのインタビュー風景である。気候に準じて高床式住居に住んでいる2人の女性に幸運にもインタビューすることが出来た。そもそも，女性の就学率はそれ程高くはないと聞いていたけれども，や

写真3-1　クーレン山の農村に住む妊婦
出所：筆者撮影。

はり2人の女性共に「小学校を終えて,中学校の途中までで家の農作業(主にカシューナッツ)を手伝うために中退した」とのことであった。しかしながら,「小学校でも週に3時間程度は英語の授業があって,少しは分かる」

写真 3-2　クーレン山の農村に住む子育て中の女性
出所:筆者撮影。

写真 3-3　ムレアカット村の小学校に通う子供達
出所:筆者撮影。

写真 3-4　ムレアカット村の小学校
出所:筆者撮影。

と述べていた。クーレン山は,シェムリアップから車でかなり奥に入ったところの農村部であったので,英語学習の内容結果は予想通りではあった。

3. 言語政策 (Language Policy)

先ず,現在の英語のステータスの成立を理解し将来の動向を予見するためには,言語社会環境の歴史的変遷を理解する必要があると言えよう (本多,2002)。

3-1. フランス保護領化と独立後

先にも述べた通り,1863年から約1世紀に及んでフランスはカンボジアに対して植民地統治を行った。その際には,フランス植民地政府による少数エリート教育を施し,教育言語は当然ながらフランス語であった。しかし,1930年代にはクメール語の標準語化,近代化と普及が進んだ。クメール語の振興はポル・ポト政権が誕生する1975年頃まで展開されていた。英語教育が注目されるのは,1953年の独立後のことであった。

3-2. ロン・ノル政権（1970 年〜1975 年）

　この時代においては，英語教育が活発になり始めてきた。東アジアでの英語使用の重要性を認識しはじめたからである。また，国から数多くの英語教育キーパーソンがシンガポールの RELC という英語教育センターに派遣された。ここは，私も今まで複数回，英語教育の国際学会が開かれた際に訪問したことがあるが，シンガポールを代表する言語教育センターである。この時期に，フランス語と並ぶ第 1 外国語として英語を制定した。特に若者の間では，フランス語よりも気軽に学び観光業の際に利用できる英語に人気が集まっていたようである。

3-3. クメール・ルージュ

　周知の通り，ポル・ポト政権期（1975 年〜1979 年）に入ると，西洋文明は否定された。都市は破壊されて，壊滅的状態に陥り，知識人も多く殺戮された悲劇的な時代であった。従って外国語教育も麻痺状態に陥ったのである。この時代の不幸な出来事は，その後も教員の資質不足や，施設面の不備，テキストの不足等を引き起こし，カンボジアの教育ひいては発展に大きな影を落とすこととなった。

3-4. ヘン・サムリン政権（1979 年〜1989 年）

　この時期には，クメール語化政策の復活が図られた。海外援助は主にベトナム・旧ソ連・東欧諸国によってなされていた。王立プノンペン大学ではロシア語が理系学部の教育言語になったりもした。そして 1986 年には，英語教育がフランス語教育と共に中等教育で再開された。このあたりから，英語教育への重要性が政府の間でも，また観光業による市民の間でも認知され始めてきた。

3-5. カンボジア和平

　1980 年代末期における社会主義体制の崩壊によりロシア語が衰退し，代わってその役割を英語とフランス語が引き継ぐ形となった。そして 90 年代

に入り，多くのオーストラリア人英語教師がカンボジアに戻ってきた。また，多数の開発援助プログラムで，中等教育への英語教育導入が推し進められていった。

3-6. 言語政策：現在

現在においては，クメール語が初等・中等教育における主要教育言語として定められている。外国語政策としては，学校教育修了者全員による英語またはフランス語の基礎力習得を目標としている。それは，1991年以降の民主化・安定化・そしてASEAN加盟により，より長期的・安定的・かつ大規模な英語政策が始まったからだと言えよう。実際にカンボジア政府は，シンガポール・ブルネイ・フィリピンなどに専門英語能力習得のために多くの政府要人を派遣しているのである。また，2001年 ASEANプラス3経済相会議にて，外資誘致や貿易のための人的開発戦略の1つとして英語教育が取り上げられたりもした。

英語は，カンボジアの再建・開発，そして地域協力また何よりも観光客相手の主要言語又は重要な言語として認識されているのである。何しろ2018年にはアンコールワットのあるシェムリアップには400万人を超える観光客が押し寄せているのである。実際にフン・セン首相はアセアンとグローバリゼーションの中で，競争優位を保つために英語をカンボジアの第2言語あるいは通用語として振興するように提言をしている。難しいだろうが，すべてのカンボジア人がクメール語，英語，フランス語，そして東アジアの1言語の計4言語を習得すべきであるという考えも表明している。また，フンシンペック党は，英語を国内の第2公用語とする方針を打ち出してもいる。それ程，現在は英語教育の重要性が認知されているのである。実際に筆者がアンコールワット周辺に出かけた時，絵葉書を売りながら，物乞いをする子供たちを多く見かけたが，子供達も片言の英語を話して小銭を稼ぎ，生活の足しにしている様子が窺えたのである。それ程，英語が出来るかどうかは，生活力に直結してるように見受けられた。

4. 英語の使用状況

4-1. 国際関係において

現在，カンボジアはASEANの一員として関連実務は英語を使用している。主要援助国（日本・アメリカ・豪・英・仏），その他の国々，NGOとのやり取りもフランスを除いては英語を用いている。国連関連諸機構でも，英語を使用している。また，言うまでもなく，国際ビジネスの場面でも主要な媒体は英語である。シハヌーク国王のホームページもインターネットの使用者層を意識してか，英語が主要言語であり，その他クメール語やフランス語も用いられている。

4-2. 専門教育において

王立プノンペン大学では，クメール語，英語，フランス語が教育言語として使用されている。英語は，冷戦終結までのロシア語が用いられていた分野を引き継ぎ，全体の25％くらいの使用率を占めている（綾部・石井, 1996）。特に商科大学では，ビジネス目的の教育目標を達成するためか，極力，英語を教育言語として使用しているようにしているようである。

5. カンボジアにおける教育の現状

綾部・石井（1996）によると，カンボジアの識字率は男性45％，女性20％であり隣国のラオスよりも高いけれども，ネパールと同じ水準であり東南アジア諸国と比較するとかなり低いそうである。これは，先にも述べた通り，ポル・ポト時代の後遺症であると同時に1990年代に入っても農村地域での教育開発が十分に進んでいないためである。少し古いデータになるが，1993年のカンボジアでの国家予算に占める教育予算は7.6％である。これは驚くほど低い数値であり，アジアでは最も低い水準である。以下においては，学校における英語教育について特に述べる。

ユネスコによれば，カンボジアにおける就学者数は教育レベルが上がるにつれて，就学機会が著しく限定されている。これは，先に述べた日本大学文理学部のカンボジア調査（2017年12月）においても，村の，特に女性にインタビューしたところ明らかであった。

ポル・ポト政権期の学校の閉鎖，破壊，教員や学生の虐殺などの悲劇的歴史的背景もあり，教員も教科書も施設も資金も何もかもが不足しており，ガイドライン通りの時間数がこなせていないのである。施設に関しては，全体の17％しか中学校がなく，また農村部を中心として施設不足が目立っている状態である。教室の不足分を補うために，英語教育で100人教室すら存在する，というのは少しずつ改善を計ってはいるものの，驚くべき現実である。しかしこれは後に述べるが，近年は改善されているようである。

5-1. 初等教育

小学校においては，5年生から英語またはフランス語を教えている。1997年から導入されたが，それは英語能力を備えた公務員を育てる必要性があったからである。週に3時間英語を学習し，習得目標は基礎知識を身に付けることである。テキストは，『Let's Go』や『Pilot』などが使用されている。これは，日本大学文理学部のカンボジア調査（2017年12月）において，都市部の王立国立小学校のカムサロン先生へのインタビューで明らかになったことであるが，英語が出来ないと仕事に結びつかないので，小学校では，クメール語と英語を両方勉強している。週に4時間英語を勉強すると仰っていた。1クラスは40人くらいでNGOから来るシンガポール人の先生が教えてくれると述べていた。「最近の英語教育はとても良い，上手く行っている」，とカムサロン先生は述べており，私の文献調査よりも，2017年12月の調査段階は，一段と近代化が進んでいるような印象を受けた。

5-2. 中等教育（前期）

英語は，中学校では1990年に認定教科になった。外国語は必修であり，英語かもしくはフランス語を選択するのである。週に5時間学習する。教授

法は，文法・訳読法やオーディオリンガル法が中心でいささか古い印象は否めない。しかし，都市部においては，コミュニカティブアプローチが注目されているという話も，調査におけるインタビュー（2017年12月）において聞くことが出来た。しかしながら，クラスサイズが大きい（60人から65人）ために，実施するのが困難であるようである。カセットテープが用意されており，基本的にはイギリス英語使用者による吹込みを聞く形で実施するようである。

5-3. 中等教育（後期）

英語教育は1週間あたり4時間ということで1時間減っている。これまで，概観したところからも分かる通り，政策レベルの動きとは対照的に，実行レベルにおいては慢性的な英語教員不足からくる授業時間数の不足が問題視されている。結果として　中等教育を終えても初歩レベルにすら到達しないという批判も聞こえてくる（Chuon, 2000）が，これは次回の調査出張においてインタビューで本当かどうか確認をしたいところである。

5-4. 高等教育とその他の専門教育

王立プノンペン大学においては，1・2年ではフランス語が，3・4年では英語が科目として教えられている。英語枠は週に6時間だそうである。大学教員の主な研修先は，やはり先にも出てきたがシンガポールにあるRELCという英語研修センターが多いようである。最近では，英語を話すことが出来ると，通訳として重宝されるので，プノンペンを中心として都市部では民間の語学学校が多数生まれた。カンボジア政府は，官公庁レベルの英語教育をシンガポールのRELC英語研修センターに委託した。これにより様々な分野への英語の影響力が今後も拡大するであろう。

6. カンボジアにおける英語教育：今後の展望

第1に他のアジア諸国と同様に，英語教育の早期化が望まれるであろう。

また，第 2 に他のアジア諸国の英語教育の構造との共通点の多さが指摘できるのではないだろうか。最後に官公庁に多く見られるアセアン内志向の英語使用態度が見受けられるようである。これは，シンガポールを含むアセアン地域内各国で英語を学んだ政府要人が多数存在するからである。再三述べている通り，カンボジア国内での英語依存度はこれまで以上に高まっていくであろう。

それと同時に，これは「標準英語」という歴史的争点に興味深い示唆を与えるであろうことが予測されうる。即ち，World Englishes（ワールドイングリッシュズ）と呼ばれるものの1つにカンボジアンイングリッシュがなるということである。これは，英語の中心地がいわゆる欧米を中心としたネイティブ地域にあるとは簡単に言い切れない時代が到来していることを指しているのである（本名, 2002）。

7. カンボジアにおける英語教育：転換期における英語

ここでは，*Teaching English at an NGO in Cambodia*, TESOL Press (2015) から第 2 章を参考にして，「転換期における英語」について考察してみたい。

まず，クメール・ルージュ政権（1975 年〜1979 年）の大量虐殺と抑圧によって，カンボジアの人々には拭い難いトラウマが残った。そして，その結果として，その後 10 年間は経済的・政治的・社会的荒廃の時代があった。しかしながら，1991 年のパリ協定により安定がもたらされ，UNTAC の助けにより 1993 年の民主的選挙に成功した。中でも，1999 年にアセアンに加盟したことは，カンボジアに非常に大きな好影響を与えた。というのも，これは重要な政治的転換点になったのみならず，カンボジアにおいて英語が広く普及するきっかけとなったからである。

また，第 1 に UNTAC への加盟によりフランス語よりも英語の方が断然影響力が増して行った。そして，1990 年半ばまでには英語は主要言語となった。

第2にカンボジアのASEAN加盟により英語をより広く使用するようになった。というのは，国連では複数の言語が公用語として使用されているが，ASEANでは英語のみが公用語であったからである。このことは，カンボジアに対して2言語使用（英語とクメール語）話者，即ちバイリンガルの養成の急務としてのプレッシャーとなった。言語使用の面から述べると，ASEANの中でも2つのグループに分けられる。1つはシンガポールやフィリピンの様な英語が公用語の国があるのに対して，もう1つはカンボジア，ラオス，ベトナムの様な英語が公用語でない国である（Kachru & Nelson, 2006）。

クメール語は，先にも述べたが人口の96.3%が使用する母国語である。しかしながら，国境の向こうではクメール語を使用する機会は殆どないのが現状である。そのことが，英語がカンボジアにおける事実上の第二言語となることを推し進めたと言えよう。Graddol（2001）の予想によると，英語はアジアでより好まれる国際コミュニケーションにおける言語であり続けるだろう，なぜなら最も使用頻度の高い言語であるからである。

8. 英語教育：今後の課題と挑戦

8-1. 設備面

学習環境は，農村部の場合はあまり快適ではないと言われている。しかし，実際に調査したところ（2017年12月）によると，写真が示す通り，こざっぱりとした綺麗な教室が農村部でも見受けられた。これは，アメリカからの支援を受けていることも起因しているように思われる。

一般的には，カンボジアは乾季においては温度は40度近くになるにも関わらず多くの教室には冷房設備がなく暑くて蒸し蒸しする。

また，1教室に40人から60人生徒がおり混雑している。また，1人に1つの机があるとは限らない場合がある。そして，十分に井戸がなく，特に夏場に水分を補給するには，お金を出してミネラルウオーターを買わなくてはならない，という事情がある。

写真 3-5：ムレアカット村の小学校の教室
出所：筆者撮影。

冷房なし，机不足，そして水なし——これはかなり学習を進めて行くためには厳しい環境で「動機」（モチベーション）が下がってしまうのも仕方がない状況である。現在の英語教育業界で，「動機」研究は非常に盛んである。カンボジアにおいては，必ずしも動機面においてポジティブな要素が少ないにもかかわらず，英語教育熱が徐々に盛り上がっているということは，やはり英語力を上げると観光業に結びつき，収入に直結し，生活が豊かになるから，ということが言えるのではないだろうか。

8-2. 教材面

テキスト，教材が圧倒的に不足しているのが現状である。テキストは本屋さんやマーケットで売られているが，高額で買えない生徒が多いと聞く。そういう場合には，学校でコピーのテキストを買う場合もあるそうである。もちろん，不正出版や海賊版も出回っていることもあろう。それでは，図書館で借りればよいと思うかもしれないが，35％の学校にしか図書館を併設していないので，こちらも当てにすることはできないのである。

8-3. 教師の資質

カンボジアの教師のうち，6％は小学校卒，68％は中学校卒，25％は高等学校卒，残りの1％が大学卒である。従ってカンボジアの教師と言えば underqualification and unprofessional（資質が低く非専門的）と言われている。何故ならば，教師の給料も安いために教師が2つ3つと仕事を掛け持ちしている場合があるのである。通訳や私塾の講師を兼ねており，教室に定期的にくることが出来ない教師もいるという，かなりひどい状況にあるとの話も聞く。政府は以下の3つの基準を設けたが，それらを満たす教師はごくわずかである。① 十分な資格があること，② 専門分野でのスペシャリスト，③ 3年間の教師経験があること。以上述べたように，予算がない，人材がない，設備が悪い，カンボジアの教育は非常に深刻な状況である。綾部・石井(1996)によれば，どこか1つの所に問題があるのではなく，システム全体が弱っているのである。しかしながら，その様な状況の下でも，多くの援助団体が教育分野の支援を行っている。最も活発なのはユニセフ，国連とNGOである。現在のカンボジアは，外国からの援助なしでは教育開発を進めることは出来ない。日本大学文理学部の教員チームで行った調査でも村の学校を訪ねる機会に恵まれたが，アメリカの援助による英会話教室が開かれていた（写真3-6）。また，村の人々が自分たちの力で明日を担う子供達を

写真3-6：ムレアカット村の小学校の英語教室の看板
出所：筆者撮影。

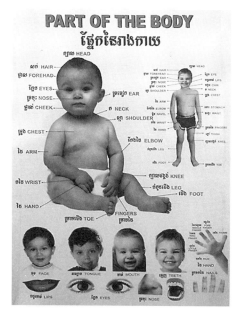

写真 3-7：ムレアカット村の小学校の教室の壁に貼られていた英語学習ポスター
出所：筆者撮影。

育てようと努力を傾けていた。写真3-3にあるように，ムレアカット村に通う子供たちを始めとして，カンボジアの全ての子供たちに，平和が続きより良い教育が行き渡るように願わずにはいられない。

9. カンボジアでの今後の英語教育：持続可能な社会に向けて

まず，テキストや資材の調達は急務であろう。それには，教育面への国家的予算の増大の必要性がある。また，小学校・中学校への就学率の更なる上昇も望まれるところである。また技術面では，教師も生徒もネイティブ教師からの指導をもっともっと受ける機会を増やす必要があるであろう。なぜなら，McLaren（2000）が Japan Times のなかで以下の様に述べているからである。

"English learning in Cambodia is the key to prosperity... Cambodians can see themselves having a better life style if they have English Education".「カンボジアでの英語学習は繁栄への鍵となっている…カンボジア人はもしも英語教育を受けられるならば，より良い生活を送ることが出来るであろう。」

以上，言語を学び教える日本人の立場から，カンボジアのこれまでとこれからの外国語教育について考察してきた。本著の「はじめに」の項で述べられているように，2015年に国際連合（以下国連）は17の持続可能な開発目標（Sustainable Development Goals, SDGs）を提唱し，貧困に終止符を打ち，地球を保護して全ての人々が平和と豊かさの享受を目指す普遍的な行動を呼びかけている。17あるそれらの目標の中には，もちろん「教育の充実」も掲げられている。現在では多くの大学や学生がSDGsに関心を寄せるようになっている。教育が何故大切なのか，また，私たちに何ができるのかに関しては，国際連合広報センターのSDGsを17の目標ごとに分かり易く紹介したチラシの一部（付録A）を参照されたい。慶応大学大学院の蟹江憲史教授が述べるように（朝日新聞, 2019），SDGs（持続可能な開発目標）の17目標とそれを達成するための具体的な169ターゲットは教育において格好の問題集だと考えられる。未来のあるべき姿を描きながら，かつまだ達成できていない課題を並べているからである。蟹江教授によると，それらのターゲットに対する解決法に答えはない。答えを出すのは未来に生きる人々である。自由な発想と多種多様な思考こそが解答へと導くカギとなるのであろう。誰もが同じ土俵に立って考えて，議論することで多様性を尊重し個性や独自の発想の素晴らしさを知るきっかけにもなるであろう。

17あるSDGsの中で，第4番目の目標が「質の高い教育をみんなに」とのことである。そこでは，「すべての人々に包摂的かつ公平で質の高い教育を提供し，生涯学習の機会を促進する」と謳われている（付録B参照）。言うまでもなく，特に農村部での就学率を上げることは，カンボジアの繁栄にとって急務であろう。住友商事の兵頭誠之社長が述べるように（朝日新聞,

2019）多くの価値観がせめぎあう中，バランスを取る努力も必要であろう。また，カンボジアの観光業における通訳の重要性や外国語教育を通じた国際協力の在り方も再考に値するトピックであることに私達は気が付いた。外国語教育，主に英語教育を通してこの度の調査出張を契機としてカンボジアにおける外国語教育について考察した。「カンボジア研究」というオムニバス形式の講義科目を通して，英語教育のみならず，経済・政治・医療・地理・観光・環境・歴史等全体として俯瞰的視点からカンボジアを眺める素晴らしい機会を学生諸君は与えられていると思う。国連はSDGs（持続可能な開発目標）を2030年までに達成を目指しているという。これを契機に，カンボジアの持続的発展について継続的に考えて頂けたら幸いである。今後のカンボジアの更なる言語を媒介とした国際的発展を期待したい。

参考文献
綾部恒雄・石井米雄（1996）『もっと知りたいカンボジア』弘文社．
蟹江憲史（2019）SDGs コラム「教育における格好の問題集」朝日新聞1月30日30面．
国際連合（2015）「持続可能な開発目標」http://www.jp.undp.org/content/tokyo/ja/home/sustainable-development-goals.html　2019年4月7日検索．
本名信行（2002）『アジアの最新英語事情』大修館．
兵頭誠之（2019）「温暖化を食い止めるには」朝日新聞1月30日30面．
Chuon, N. (2000), Cambodia, in H. W. Kam & R. Y. L. Wong (Eds.), *Language, policies and language education*, Singapore: Times Academic Press. 68-78.
Gladdol, D. (2001), "English in the future", A. Burns & C. Coffin (Eds.), *Analysing English in a global context: A reader*, pp.26-37, London: Routledge.
Kachru, Y. & Nelson C.L. (2006), *World Englishes in Asian contexts*, Hong Kong: Hong Kong University Press.
Igawa, K. (2008), "English language and its education in Cambodia", a country in transition『四天王寺大学紀要第46号』343-369.
Igawa, K. (2010), "The impact of English language education on Cambodian elementary school children: Perspectives of EFL teachers in Cambodia",『四天王寺大学紀要49号』147-165.
McLaren, S. (2000 September 7th), Cambodia feeds a hunger to learn, *The Japan Times*.
Takeda, N. (2015), *Teaching English at an NGO in Cambodia*, TESOL Press.
Yahano, A. (2015), *Cambodian information guide book*, Krorma Magazine.

付録A：質の高い教育の普及は何故大切なのか？

　教育はその他多くのSDGs（持続可能な開発目標）の達成の鍵を握っている。質の高い教育を受けることが出来れば人は貧困の連鎖を断ち切ることが出来るからである。よって教育は不平等の是正とジェンダーの平等達成に貢献する。また全世界の人々により健康で持続可能な生活を送る能力を与えることが出来る。教育は人々の間で寛容の心を育みより平和な社会の実現にも貢献しうる。それでは，私たちに何ができるのだろうか。

　(1) 自分たちの政府に対し教育を政策上，実践上の優先課題とするよう要請することが出来る。

　(2) 社会的弱者や社会から隔絶された人々を含めすべての人に対する無償初等教育の提供を確約するよう自分たちの政府に対するロビー活動を行うことが出来る。

　(3) 民間企業に対し教育手段と教育施設の開発に投資するよう働きかけることが出来る。

　(4) NGOに対し若者やその他の人々と連携し，地域社会で教育の重要性を高めるように促すことが出来る。

　事実として，開発途上国の初等教育就学率は91％に達したが，まだ5,700万人の子どもが学校に通えていない。また，学校に通えていない子どもの半数以上は，サハラ以南アフリカで暮らしている。次に，小学校就学年齢で学校に通っていない子どものおよそ50％は，紛争地域に住んでいるものと見られる。最後に，全世界で6億1,700万人の若者が，基本的な算術と読み書きの能力を欠いている。

　https://www.unic.or.jp/news_press/info/24453/

付録B：

国連「持続可能な開発目標」の 第4項目「質の高い教育をみんなに」―すべての人々に包摂的かつ公平で質の高い教育を提供し，生涯学習の機会を促進する―

	ターゲット
4.1	2030年までに，全ての子供が男女の区別なく，適切かつ効果的な学習成果をもたらす，無償かつ公正で質の高い初等教育及び中等教育を修了できるようにする。
4.2	2030年までに，全ての子供が男女の区別なく，質の高い乳幼児の発達・ケア及び就学前教育にアクセスすることにより，初等教育を受ける準備が整うようにする。
4.3	2030年までに，全ての人々が男女の区別なく，手の届く質の高い技術教育・職業教育及び大学を含む高等教育への平等なアクセスを得られるようにする。
4.4	2030年までに，技術的・職業的スキルなど，雇用，働きがいのある人間らしい仕事及び起業に必要な技能を備えた若者と成人の割合を大幅に増加させる。
4.5	2030年までに，教育におけるジェンダー格差を無くし，障害者，先住民及び脆弱な立場にある子供など，脆弱層があらゆるレベルの教育や職業訓練に平等にアクセスできるようにする。
4.6	2030年までに，全ての若者及び大多数（男女ともに）の成人が，読み書き能力及び基本的計算能力を身に付けられるようにする。

4.7	2030年までに，持続可能な開発のための教育及び持続可能なライフスタイル，人権，男女の平等，平和及び非暴力的文化の推進，グローバル・シチズンシップ，文化多様性と文化の持続可能な開発への貢献の理解の教育を通して，全ての学習者が，持続可能な開発を促進するために必要な知識及び技能を習得できるようにする。
4.a	子供，障害及びジェンダーに配慮した教育施設を構築・改良し，全ての人々に安全で非暴力的，包摂的，効果的な学習環境を提供できるようにする。
4.b	2020年までに，開発途上国，特に後発開発途上国及び小島嶼開発途上国，並びにアフリカ諸国を対象とした，職業訓練，情報通信技術（ICT），技術・工学・科学プログラムなど，先進国及びその他の開発途上国における高等教育の奨学金の件数を全世界で大幅に増加させる。
4.c	2030年までに，開発途上国，特に後発開発途上国及び小島嶼開発途上国における教員研修のための国際協力などを通じて，質の高い教員の数を大幅に増加させる。

https://www.sdgs.jp/about/?utm_source=yahoo&utm_medium=cpc

第 4 章
観光地化にともなう住民生活の変化

1. はじめに

　開発途上国のうち，とりわけ一人当たりの国民総所得（GNI）額が低い国は，いまだ貧困の中に暮らす人々が多く国家経済の基盤も脆弱な状況におかれているため，後発開発途上国（LDC：Least Developed Country）と呼ばれる。国連は 2017 年に世界の 47 カ国をこの LDC に挙げており，カンボジアもその中に含まれている。概して開発途上国とされる国々であっても，個々の経済状況には大きな差異があり，LDC のような国々もあれば，近年の著しい経済成長によって，新興国，あるいは中進国などといわれる国々もある。カンボジアが加盟する ASEAN は，一つの経済圏として認識される連合体でもあり，今日，経済成長著しい新興の国家群として世界的な地位を高めつつある。しかしながらその発展は，産業活動が好調な一部の加盟国によってもたらされたものである。ASEAN10 カ国中最後の加盟国であるカンボジアは，国内政治安定以後の歴史が短く，国内全体の経済を安定してささえるだけの基幹産業をいまだ確立していない。つまり ASEAN 諸国内において経済成長を牽引する国々とカンボジアとの「地域内格差」は依然として大きい。

　ただしそうしたカンボジアにおいても，経済発展の兆しは徐々に見え始めている。とりわけ国家の経済成長を実現し推進するために先導的な役割を担うものとして期待されているのが観光業である。東南アジアを代表する著名な観光資源を有するカンボジアでは，それらを核とした観光業を基幹産業に位置づけ関連産業発展の基軸とすることで経済基盤の安定化を目指してい

る。なかでもアンコール遺跡などクメール王朝の成立・発展に関わる歴史的な遺産が集中するシェムリアップ州は，カンボジア国内でも外国人観光客が多く来訪する地域の一つであり，観光開発にともなって観光業がめざましく発展しつつある。遺跡の周辺や観光地に至るルート沿いに観光施設が多数立地する中で，観光関連産業も成長し，観光にかかわり生活する人々も増加する傾向にある。ただし，この地域の観光資源の中でも重要な歴史的遺構は，なによりも保全が最優先されるべきものであり，それらの利活用のあり方や観光開発の方法が，資源の価値を損なうようなものであってはいけない。一方で，この地に暮らす人々の生活文化を含めた周辺環境も魅力的な観光地域の重要な構成要素であり，それらの存続にも配慮が必要である。したがってこの地域において急激に進展する観光開発の実情については，地域の持続性に照らして検証する必要がある[1]。

　そこで本章では，シェムリアップ州における観光業進展の実態調査にもとづいて，それらが観光地周辺の農村集落におよぼす影響とそれに対応する住民の生活・生業にみられる変化の事例を示しながら，そこに生じている様々な問題や観光地域の持続性に関する課題について考えてみることにしたい。

2. カンボジアにおける観光業

2-1. ASEANの中のカンボジア

　ASEAN（東南アジア諸国連合）は，地域の安全保障と政治的安定，経済および社会・文化の発展を目指し，1967年にインドネシア，マレーシア，フィリピン，シンガポール，タイの5カ国により設立された地域協力機構である。1980年代から90年代にかけて東南アジアのほかの国々が随時加盟し，1999年におけカンボジアの加盟によって構成国が現在の10カ国となった。今日，域内経済協力の強化に取り組むことで経済の成長を実現し統合を目指す共同体へと発展している。2017年におけるGDP（国内総生産：名目）の10カ国合計は約2兆7,671億ドル（米ドル，以下同じ）で，日本の同年におけるGDPのおよそ57％に相当する。またそれまでの5年間における実

質 GDP 成長率は年間 5％前後で推移しており，世界経済におけるその地位は急激に上昇してきている。10 カ国の中でも 1 兆ドルを超えるインドネシアを筆頭に，タイ，シンガポール，マレーシア，フィリピン，ベトナムはGDP が 2,000 億ドルを超えており，これらは東南アジアの経済成長を牽引する国々といえる。一方，カンボジアの GDP は約 221 億ドルで，上記国々とは経済規模に大きな開きがある。また，2017 年における一人当たり GNI（名目）は，最も高いシンガポールが約 5 万 4,719 ドルであるのに対し，カンボジアは 1,297 ドルと 10 カ国中ではミャンマーに次いで低い。このように，同じ ASEAN を構成する国であっても平均的な所得ではカンボジアはシンガポールの 40 分の 1 以下であり，ASEAN 内における経済の地域内格差は，深刻なまでに大きいことがわかる[2]。

　カンボジアの内戦が終結したのは 1991 年のことであり，1993 年に国連監視による民主選挙が実施されたことで国内政治は安定化に向かいはじめ，その 6 年後に ASEAN 加盟が実現している。したがってこれまで経済発展に専心できた期間は短く，いまだ他の ASEAN 諸国に対する遅れの溝を埋めるには至っていない。ただし近年はカンボジアも徐々に経済成長を遂げつつある。今なお国内産業の中心は農林水産業などにあるものの，輸出向けの衣類製品を生産する縫製業などは好調である。加えて外国からの観光客誘致に取り組むことで，観光業および関連産業の拡大・発展に力を入れている。

　2017 年の 1 年間にカンボジアを訪れた外国人入国者数は約 560 万 2,157 人で，前年に比べ 11.8％増加している。ちなみに入国者を国別でみると，中国が 121 万 782 人（全入国者の 21.6％）で最も多く，以下，ベトナム，ラオス，タイ，韓国，アメリカ合衆国の順で，日本は 7 番目の 20 万 3,373 人（同 3.6％）である。カンボジアを訪れる外国人の約 89％は，休暇，すなわち観光を主目的としており，入国者の大半は観光客ということになる。月別では 12 月の入国者が 70 万 1,886 人で最も多く，以下，11 月，1 月が多くなっており，観光には，乾季で比較的涼しく外出しやすいこの時期を選ぶものが多い。2017 年に外国人来訪者によりもたらされた収益は 36 億 3,800 万ドルにのぼると推計されている。これは GDP のおよそ 16.5％に相当する額であ

り，カンボジア経済の中で観光業は極めて重要な産業として位置づけられる[3]。

カンボジアの首都プノンペンは，人口184万人（2015年）を擁する国内唯一の大都市で，王宮や寺院などの見どころの多い観光地でもある。海岸リゾートのシアヌーク・ヴィル（Sihanoukville）や高原リゾートのあるキリロム（Kirirom）国立公園，東南アジア最大の淡水湖トンレサップ（Tonle Sap）なども観光地として比較的よく知られている。また現在，カンボジア国内では，「アンコール（Angkor）」「プレア・ヴィヒア（Preah Vihear）寺院」「サンボー・プレイ・クック（Sambor Prei Kuk）の寺院地区」の3件が世界遺産に登録されており，これらは世界的に注目される観光資源でもある。中でも最も有名なのがアンコール・ワットに代表されるクメール王朝の遺跡群である（図4-1）。1992年にアンコールとして世界遺産に登録されたこの地域は，国外から多くの観光客が訪れる東南アジア屈指の観光地となっ

図4-1　カンボジアにおける主な観光資源

出所：筆者作成。

ている。このアンコールをはじめとした観光資源の集中しているのが，シェムリアップ（Siem Reap）州である。

2-2. シェムリアップ州における観光

シェムリアップ州は，カンボジア王国の北西部にあって，面積（1万299km^2）は国土の5.7％を占めている（図4-1）。州の総人口92万2,982人（2013年）は，国内23州のうちで7番目に多く，カンボジアの総人口（1,467万6,591人：2013年）の6.3％にあたる。州の人口密度は90人/km^{2}で，全国平均の82人/km^{2}よりもやや高い[4]。このようにシェムリアップ州は，カンボジア国内では比較的人口が集中する地域ではあるが，州の領域の大半は平坦な平野によって占められ，州都の中心部など一部の都市的地域を少し離れると，林地に囲まれた農地の続く景観が広がっている。ただし，その農地も6割程度は自給的な農業に振り向けられており，シェムリアップ州において農業は必ずしも経済発展を支える中心的な産業というわけではない。

今日のシェムリアップ州において，経済発展に結び付くもっとも重要な産業に位置付けられるのは観光業である。観光に関する統計データからもその状況をうかがい知ることができる。州都シェムリアップ市の郊外にあるシェムリアップ国際空港からの入国者数は182万687人（2017年）で，首都のプノンペンにある国際空港からの入国者数を上回っている。陸路などにより入国する者を含めてもカンボジアを訪れる外国人の約3分の1は，シェムリアップ空港から入国している。また，カンボジアを訪れた外国人旅行者のうち245万7,282人は旅行目的地にシェムリアップ（アンコール）を挙げており（複数回答あり），外国人旅行者の実に43.9％は，シェムリアップ州を訪れている（2017年）。シェムリアップ州はカンボジアにおいて名実ともに最大の観光地域ということができる[5]。

シェムリアップ州の観光拠点となるのがシェムリアップの街であり，市内には観光客向けに様々なクラスのホテルが多数立地している。中心部のシヴォタ（Sivatha）通り沿いやオールドマーケット周辺は，各種店舗が立ち並び世界各地の料理を提供するレストランやカフェが軒を連ねる区域で，外

国人の滞在客が快適に過ごせる街である（写真4-1）。市街地から車で30分ほど南に向かうと，トンレサップ湖観光の拠点となる船着き場に到着する。周辺には，湖上にせり出した高床式の住居が立ちならぶ集落や，文字通り湖面に浮かぶ水上生活者の家屋を見ることが出来る（写真4-2）。シェムリアップの市街地北側には，東西に広く，「アンコール遺跡公園」の区域がひろ

写真4-1　シヴォタ通り
出所：筆者撮影。

写真4-2　トンレサップに浮かぶ水上生活者の家屋
出所：筆者撮影。

がっている。世界遺産に登録されているおよそ400km^{2}におよぶこの区域には，12世紀に建設されたアンコール・ワット（写真4-3）をはじめ，クメール王朝隆盛時に建設された寺院や宮殿，都市の遺構が多く含まれる。巨大な石造建築群や数多くの彫刻など，クメールの文化財で構成されるこの遺跡群は，世界中の人々を魅了してやまない，東南アジアを代表する観光地へと発展している（図4-2）。

アンコール遺跡公園は，1995年カンボジア政府により設立されたアンコール地域保護管理機構（アプサラ（APSARA）：Authority for the Protection of the Site and Management of the Region of Angkor）によって管理されている。アプサラの名称はインド神話に登場する天女（あるいは水の精）の名にちなんだものである。ヒンドゥー寺院として建設されたアンコール・ワットほかの建築遺跡の彫刻などにも多数みられるこの天女は，クメール文化を代表する存在である。機構としてのアプサラは，世界遺産の区域における遺跡の調査を行って保護・保全活動を行うとともに，その適正な観光利用のための開発・整備を行っている。そしてその経費に充てるため，ここを訪れる外国人観光客から，見学（入域）料を徴収している[6]。遺跡公園の区域内は

写真4-3　アンコール・ワット
出所：筆者撮影。

開発行為が厳しく規制されており、家屋・建造物の新築や土地利用の改変などは原則禁止されている。そのため、区域内集落の人口増加に伴って移住を余儀なくされる人々もおり、区域外の規制のない場所には、その受け皿となる新たな開拓集落も建設されている。

遺跡公園の区域外にも、クメール王朝に関わる歴史的な遺構や遺跡は多く点在している。シェムリアップ市の北東約40kmにあり、クメール王朝発祥の地とされるプノン・クーレン（Phnom Kulen:クーレン山）も、遺跡などの文化財が多数残されている地域である。ここは最高所が400mを超える台地状の山塊で、森林に覆われた美しい景観や豊かな動植物が生息する貴重な自然環境にも恵まれている。そのため1992年に世界遺産暫定リストに登録されるとともに、翌年には374km^{2}の区域が国立公園の指定を受け、アプサラの管理下におかれることで開発は大きく制限されている。

しかしながら、こうした環境・景観の保全が優先される地域でも、地元に暮らす人々の生活は変化を余儀なくされつつある。従来は自給的な農業により生活してきた人々が、近年、観光関連産業に関わって収入を得るように

図4-2 シェムリアップ州の中央部

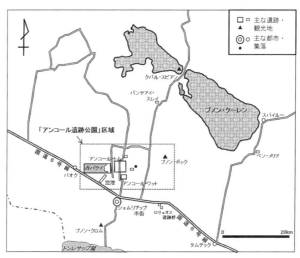

出所：筆者作成。

なった事例も多い[7]。すなわち，外国人の来訪者が増加する観光地周辺の村々では，人々の生業や生活様式に少なからず変化が生じてきており，それが地域の景観や環境の保全にも影響しているものと考えられる。そこでつぎに，観光拠点のシェムリアップ市街地から比較的近いアンコール遺跡公園内の村と，市街地からは離れているプノン・クーレンの村々を事例に，住民の生活実態を紹介し，各々の違いを比較しながら，その変化にみられる問題点や開発の課題などについて考えてみたい。

3. アンコール遺跡公園内における観光地化の影響

3-1. ロハール村の概要

ロハール（Rohal）村は，シェムリアップ市街地の北東約10kmに位置する人口1,500人ほどの村である（図4-3）。村はアンコール遺跡公園の区域内にあり，村の西側にはタ・プロム（Ta Prohm）遺跡（写真4-4）が，南側にはバンテアイ・クデイ（Banteay Kdei）遺跡が隣接する。集落内には高

図4-3 アンコール遺跡群の主要部

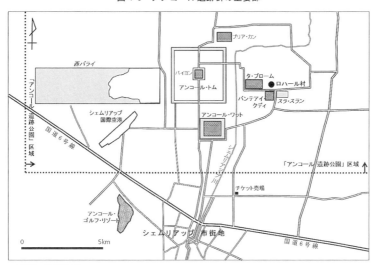

出所：筆者作成。

写真 4-4　タ・プロム寺院遺跡
出所：筆者撮影。

床式の家屋が点在し，それぞれの敷地にココヤシやサトウヤシ，マンゴー，バナナなどが植えられ，様々な野菜類も栽培されている。各戸で飼われている豚や牛，家禽などは集落内のあちこちで目にすることができる。家屋のまわりや集落北側の東バライ（Eastern Baray：かつて巨大な貯水池があった平坦な区画）には，村の住民が耕作する水田がひろがっている（写真4-5）。このようにロハール村は，シェムリアップ州の平野部に典型的な自給的農村集落の姿を今もとどめている（山本ほか：2017）。

集落に隣接するタ・プロムやバンテアイ・クデイの遺跡は，多くの見学者が訪れる観光地で，それぞれの遺跡の入口付近は，観光客向けの店舗群と土産物を売る大勢の商売人とでにぎやかである（写真4-6）。バンテアイ・クデイの東側にあるスラ・スラン（Srah Srang）貯水池の畔には商店や数件のレストランも建ち並んでいる。このようにロハール村は周辺に観光関連産業に携わる機会が多く，州内でも観光地化の影響を最も強く受ける農村集落の1つである。加えてこの村は，古くから木彫・木工の技術が継承されてきた村でもある。現在も集落内のあちこちで，木工業に従事する人々の姿を目にすることができる（写真4-7）。

3. アンコール遺跡公園内における観光地化の影響　73

　ロハール村では，比較的インフラの整備も進んでいる。村内のいたるところに井戸があり，個人が敷地内に専用の井戸を持つことも多い（写真 4-8）。以前から電気の利用は可能であったが，2017 年に国営電力会社の送電設備が村の中まで完成し，それまで民間の発電業者にたよっていた電気を，安い

写真 4-5　ロハール村の景観
出所：筆者撮影。

写真 4-6　タ・プロム遺跡前の土産品店や飲食店
出所：筆者撮影。

料金で利用できるようになった[8]。また，隣村との境には幹線道路沿いに市場があり，日常生活に必要な食品や雑貨，衣料品などを容易に購入することができる。

写真 4-7　村人が製作する木彫品
出所：筆者撮影。

写真 4-8　村人が使用する井戸
出所：筆者撮影。

3-2. ロハール村における生活の実態

つぎに，ロハール村の3世帯を事例に，その生活実態を紹介し，平野部の観光地に隣接した集落における観光地化の影響をみる。

世帯Aは，夫（39歳）と妻（36歳），息子（15歳）の3人暮らしである（2015年12月）。夫婦は別々の村の出身であるが，妻がこの村に暮らしていた姉の家に移り住み，建築労働者としてこの村を訪れた夫と知り合って結婚した。2006年，マイクロファイナンスの融資を受け，現在住む家の土地を購入している。夫は，木工職人として働き1日あたり3ドルの収入を得ている。建築労働も兼業し，その仕事では1日あたり5ドルの収入がある。妻は，遺跡の前にある飲食店で働き，月45ドルを得ている。息子も同じレストランの従業員で，月40ドルの収入がある。

支出では，たとえば村の市場で購入する食品など食費に1日あたり5ドルほど掛かる。借金の返済やその他諸々の経費に関わる出費はあるが，生活用水は隣接する姉の家の井戸を利用しており，電灯やテレビ，携帯電話の充電に掛かる電気代も姉が負担するため，光熱費に関わる支出はほとんどない。

世帯Bは，女性（40歳）と娘3人（20歳，13歳，8歳），長女の夫（24歳）とその娘（女性の孫：0歳）女性の再婚者の7人暮らしである（2015年12月）。女性はロハール村出身で木製の民芸品（小太鼓）を製作する。週に20個程度を作り，業者に1個3ドルで卸している。長女はタ・プロム遺跡前の土産品店でTシャツなどの販売を請負っており，その収入は1日5〜6ドル程度である。長女の夫は主にシェムリアップ市内の建築現場で働いており，1日あたり5ドルの収入がある。

支出としては，食費に1日あたり5ドル程度掛かるほか，電灯や諸々の電気製品に使う電気代として月額約20ドルの出費があった[9]。加えて，女性と長女夫婦それぞれが所有する携帯電話の経費，木製品の製作用機械の燃料代，次女，三女へのお小遣い，日用雑貨の購入代などの出費もある。また将来のために月に約100ドルを貯金するよう心がけている。なお，生活用水は自家の敷地内にある井戸から得ており，家屋内に設置した風呂場とトイレにも利用している。

世帯Cは，男性（40歳），妻（34歳），息子（14歳），娘（11歳）の4人家族である（2016年12月）。夫婦ともにロハール村出身で，結婚後は妻の実家の敷地内にある家屋で暮らしている（写真4-9）。妻の親が所有する水田は，耕作を他の村人に委託し，収穫された米の一部を借地料代わりにもらい受けている。敷地内では，バナナやマンゴー，蔬菜類を栽培し，ニワトリを飼養している。生活用水は敷地内の井戸から得ており，家屋内にシャワー，トイレも設置されている。

男性は通常，木工業に従事している。仲間数名と共同出資して建てた自宅近くの作業場で木工品を製作し，1月あたり70〜80ドルの収入を得ている。妻はB家の長女と同様，遺跡前で土産品販売の仕事をしている。

支出には，村の市場で購入する食品など食費のほか，子供たちの学用品代や塾の授業料，小遣い，電気代などがあり，あわせると平均して1日8ドル程度の出費がある。また，2台のオートバイを所有し，1台を妻が，もう1台を息子が日常的に使用するため，その燃料代も大きな出費である。

ロハール村では3世帯の事例からわかるように，観光地化が進展しそれに伴って商品経済が拡大している。村域には広く水田がひろがり，農村の景観

写真 4-9　村の中の家屋（高床の下にも部屋が増築されている）
出所：筆者撮影。

は今も変わらないが，農業へのかかわりが希薄になりつつある家も少なくない。むろん敷地内で栽培する作物や，周辺の用水路などで獲った小魚を日常的に食の足しにする自給的な生活の側面は今なお普通にみられる。しかしながら村近くにある観光客相手の店舗や，都市部の建築業に職を得る機会は増えている。伝統の木工業により生産する製品は，その多くが観光客向けの土産物である。どの家庭でも，食材や既成の食品を市場で購入することが常態化し，電気は生活の中で欠かせないものになっている。すなわち村人の暮らしが自給自足を中心とするものから，金銭的消費が大きなものへと移行してきていることは明らかである。

4. プノン・クーレンにおける観光地化の影響

4-1. プノン・クーレンの概要

プノン・クーレンは州都シェムリアップの市街地から，北東約40kmにあり，北西から南東方向に細長い形状をした砂岩からなる台地状の山塊で（写真4-10），熱帯の様々な樹種が形成する密林に覆われる場所も多い。国立公園に指定されている地域には，大滝（写真4-11），千本リンガ，クバルスピ

写真4-10　プノン・クーレン南東麓から山上を仰ぐ
出所：筆者撮影。

アンなどクメール王朝初期の聖地や遺跡，巨岩の上に彫られた巨大な涅槃物で有名なプレアアントン（Preah Angk Thom）村の寺院など，多数の観光資源がある（図4-4）。

写真4-11　プノン・クーレンの大滝
出所：筆者撮影。

図4-4　プノン・クーレンとその周辺

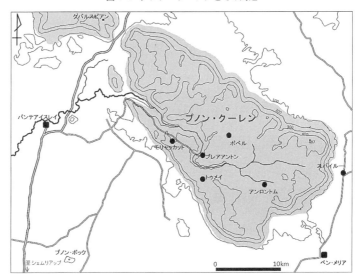

出所：筆者作成。

山上には比較的平坦な南東部を中心に集落が点在しており，住民は焼畑耕作などによって自給的な生活を営んできた（写真4-12）。この地域における伝統的な焼畑耕作は，1区画1haほどの土地を5区画ほど所有し，1区画を1年間使用して陸稲やイモ類など栽培し，その後4年間休閑する，5年サイクルのローテーションで続けられてきた[10]。この従来のシステムは，地域の土地条件に適合した持続的な農法であると考えられる[11]。

　しかしながら，プノン・クーレンの地もカンボジアの内戦期には長らくポル・ポト派の支配下に置かれ，和平協定後もしばらく混乱が続いた。この間に安寧な暮らしが出来ずに避難を余儀なくされた人々も多く，自らの土地で従来通りの伝統的な暮らしを継続することは困難だったようである。平和な暮らしが戻ってくるとこの地にも経済成長の影響が及びはじめることになり，農業でもバナナやキャッサバ，カシューナッツなどが販売を目的として集約的に栽培されるようになってきている。バナナの栽培地は，山地外周の傾斜地などに多くみられ，カシューナッツの木はかつての焼畑耕作地を利用するなどして植え付けられている（写真4-13, 14）。ただしプノン・クーレンの区域は，景観を保全するためにAPSARAの管理下に置かれていて，と

写真4-12　耕作地に陸稲を栽培する様子
出所：筆者撮影。

くに遺跡や環境を保護する指定区域内では，農地の拡大など新たな開発は厳しく制限されている。

次にプノン・クーレン山上にある，モリャッカット（Moriakkat）村，トゥメイ（Thmei）村およびポペル（Popel）村の事例世帯に関する生活の

写真 4-13　プノンクーレン外周斜面につくられたバナナ栽培地
出所：筆者撮影。

写真 4-14　焼畑耕作に替えてカシューナッツの木を栽培する区画
出所：筆者撮影。

実態を紹介することで，シェムリアップの市街地からは少し離れた山間地域への観光地化や経済発展の影響をみる。

4-2. プノン・クーレンの集落における生活の実態
4-2-1. モリャッカット村の事例

　モリャッカット村は，プノン・クーレンの北西からプレアアントンにある寺院などの観光地に通じる自動車道沿いにある。1993年の内戦終結後，プレアアントン村などから移住してきた人々により形成された集落であるが，2018年にはまだ正式な村として登録されていない。現在，40世帯ほどにおよそ200人が暮らしているが，集落に電気は通じておらず，生活用水も，離れた水源から引いた水を集落の真中にある貯水槽に貯めて共同で利用している。村内に医療施設はなく，受診施設までは10kmほど離れている。小学校もないため，児童は5kmほど離れたプレアアントン村にある小学校へ通っている。住民の中には，村近くを通る自動車道沿いで，この地域特産のバナナを販売し，現金収入を得るものもみられる。

　世帯Dは，男性（57歳），妻，息子3人の5人家族である（2018年8月）。男性は，プレアアントン村から1994年にこの場所へ移り住んだ。1区画1haほどの畑地を，プノン・クーレン内の5カ所に分散して所有し，遠い区画までは徒歩で片道2時間ほどかかる。現在，焼畑耕作は行っておらず5区画すべてにカシューナッツの木を植え付けている。カシューナッツの栽培を始めたのは，従来の農法に比べ手間が少ないうえに現金収入を得られるからである。2018年は4月の収穫時に，あわせて500kgほどを業者に販売した[12]。また，カシューナッツの樹園地内ではバナナも栽培しており，収穫したバナナを観光客相手に販売する村人に卸している[13]。男性は10年以上前から自宅で雑貨店を経営しており，1日あたり4～10ドルほどを売り上げている。ただし，商品はシェムリアップの市場まで自らオートバイで出向き仕入れており，販売額から商品の原価と輸送経費を差し引いたものが収入になる。

　世帯Dでは食品やその他日用品の購入のために月あたり75ドルほどを支

出する。また，オートバイ，テレビほかの家電製品やソーラーパネル発電機など，高価な買い物をするたびに大きな支出があり[14]，先述した水供給システムを維持管理するために相応の負担もある[15]。

4-2-2. トゥメイ村の事例

トゥメイ村は，プレアアントン村の約4km南に位置している。カンボジアの内戦以前からある村で，現在，村内には54世帯，250人ほどが暮らしている。モリャッカット村と同様，電気は通じていないものの，近くの水源から各戸へと生活用水を供給する設備がある。村内に診療所はなく，12km離れたアンロントム（Anlong Thum）村まで行かなければならない。2011年に設立された村内の小学校へは現在約60人の児童が通っている。最寄りの中学校はアンロントムにあり，そこまでは数人がオートバイで通っている。オートバイはいわば生活必需品で，各戸1台程度所有している。

村では農業のほか，家屋の壁材とするクンメアの葉を採取し細工するものもいる（写真4-15）。これは平地部で壁材とするサトウヤシの葉の代用品である。この葉を編み込んだパネルは $1m^2$ あたり2.5ドルくらいで販売されている。

写真4-15 クンメアの葉を編み込んだ伝統的家屋の壁面
出所：筆者撮影。

世帯 E は，男性（57 歳），妻，その子供 5 人の 7 人家族である（2017 年 12 月）。男性自身は他の州の出身であり，1980 年代に従軍してこの村を訪れ，1990 年にこの村の女性と結婚して以来，村内に居住する。世帯 E の耕作地は，5 カ所に点在しており，かつては焼畑耕作を行っていたが，10 年ほど前からカシューナッツの栽培をはじめ，現在はすべてがカシューナッツの樹園地になっている。週のうち 3～4 日程度樹園地で農作業を行うほか，クンメアの細工や，他家の土地の草刈り作業などを手伝って収入を得ている。

4-2-3. ポペル村の事例

ポペル村は，プレアントン村の北東約 5 キロに位置しており，内戦以前にいくつかの集落が合併して成立している。村内には 2018 年現在，93 世帯，427 人が居住する。プノン・クーレンの他村と同様，電気は通じておらず，およそ半数くらいの家で小型のソーラー発電パネルを使用している。生活用水は村内にある 4 カ所の井戸から得ており，村の住人が共同で管理している。村には 2000 年開校の小学校があり，村の児童 109 名が通っている。ポペル村から他の村に通じる道は，2018 年現在，自動車が通行できないため，オートバイが重要な輸送機関となっている。村の住民が所有するオートバイは，観光客を乗せてプノン・クーレンを巡るツアーにも役立てられている。集落の周辺には焼畑耕作を行う畑地がモザイク状にひろがるが，10 年ほど前からカシューナッツを導入する畑もみられるようになった。また，NGO などの指導により導入された，イノブタやニワトリを飼養する家もみられる。

世帯 F は男性（30 歳），妻，義母（妻の母親），子供 3 人の 6 人家族である（2018 年 8 月）。男性はポペル村出身で，結婚して妻の家，農地を受け継いでいる。男性は 2011 年に 23 歳の若さでこの村の村長に選ばれ，現在は 2 期目をつとめており，月額 62.5 ドルの手当を支給されている。世帯 F では自宅から約 5 キロ離れたところに 5 区画の畑地を所有し，現在も地域伝統の方法で焼畑耕作を行っている。主に陸稲のほか，イモ類や他の穀物類を栽培しており，ほぼ毎日畑に通って作物の手入れや除草作業を行っている。しかしながら焼き畑による収穫量は自家での消費を十分にまかなえるものではな

く，不足する食料を購入することも多い。現在，男性には村長としての収入があるものの，将来的に安定した金銭的収入を得るために，男性の実家から受け継いだ別の2haに2年前からカシューナッツの木を栽培している。今後このカシューナッツが実をつけ収穫できれば現金収入を得る手段となっていく。また，イノブタとニワトリも販売目的で飼養している。

　プノン・クーレンの3つの村でも生業・生活の実態は大きく変わってきている。アンコール地域と同様にこの地域も，遺跡保護や環境保全のために，土地利用に関する規制は厳しく，観光資源それ自体や緑地の総面積には，一見大きな変化があるようには感じられない。またロハール村に比べ，都市や観光スポットから相対的に遠いこの村々に観光で訪れる人々はあまりなく，住民が直接観光業に関わる機会もはるかに少ない。たしかに観光客が往来する道路沿いのモリャッカット村では，観光客相手にバナナを販売する者もあり，ポペル村では，自らが所有するオートバイに観光客を乗せて案内する仕事に関わる者も見られる。しかしながらいずれも専属で観光業に従事しているわけではない。一方で，州内の観光地化の進展にともなう経済成長の影響はこの村々にも及んでおり，住民は商品経済の拡大につれて金銭的な収入を増やす必要に迫られており，農業の形態を変化させることで対応せざるを得ない。すなわち伝統的な焼畑耕作の畑を，換金作物を栽培する樹園地へと変える事例が目立っている。むろんこの変化は，政府やAPSARAが進める環境保全優先の政策と対立するものである。また，伝統的な農村景観や生活様式は観光資源にもなりうるものであり，それらが失われてしまう事態は避けなければならない。地域住民の生活水準の向上は優先的に実現すべきものではあるが，無秩序な開発をそのまま放置するべきではない。

5．観光業による地域の発展と課題

　シェムリアップ州にあるアンコール遺跡群やプノン・クーレンは，世界中から多くの人々を惹きつけるカンボジア随一の観光資源である。そのためAPSARAを中心とした公的機関により厳重に管理され，保護・保全を行い

ながら,インバウンド観光の拠点として整備が進められている。観光資源の近くに暮らす地元住民は,景観保全のために厳しい開発規制を受ける一方で,外国人観光客の流入による観光地化と,それに伴う経済環境の急激な変化への対応を迫られている。すなわち伝統的な農業により形成されてきた村周辺の環境・景観は維持しなければならないが,生活水準向上のため,生計を立てる術は新しく変えていかざるをえないという,相矛盾するような2つの課題に直面している。

　アンコール遺跡地域の中にあるロハール村では,村に隣接する遺跡が観光地化し多くの外国人観光客を迎えるようになったことで,観光業に関わる機会が増大している。住民は観光業に直接従事し,もしくは地場産業としての木工業を観光関連産業へと転換させることで対応している。そのため,水田耕作を中心とした自給的な農業形態を大きく変える必要はなく,集落と周辺における景観の改変も最小限にとどまっている。ただし観光地化への対応が思うように出来ずにいる住民の中には,従来の生業だけで生計を維持することが難しくなったと感じている人々がおり,観光業に関わるようになった村人の中にも,従来のゆとりある生活が失われたことに不満を抱く人々が少なからずいる[16]。ロハール村でも,観光地化にともなう生活の変化を,すべての人がもろ手を挙げて歓迎しているわけではない。

　プノン・クーレンに位置するモリャッカット村,トゥメイ村,ポペル村の3村は,いずれもシェムリアップの街から遠く,プノン・クーレン内に点在する観光地からも離れている。そのため観光客と直接かかわる仕事に携わる機会に乏しい。しかしながら州内における観光業の進展や商品経済拡大の影響はこの地にまで及び,金銭的な収入を増やす必要に迫られて,農業を従来の自給的なものから商品作物を栽培するものへと転換せざるをえなくなっている。焼畑耕作地をカシューナッツの木を植え付けた樹園地へと転換した事例も多い。それらが環境に及ぼす影響は未知数であるが,焼畑耕作というこの地域の伝統的かつ持続的な農法が縮小し,従来の景観が大きく変化してきていることは,この地域の景観保全の観点から問題視される。しかしながら,古くからこの地に暮らす住民の生活を安定させるためには,それを真向

から否定することが出来ないのもまた現実である。

　カンボジアのシェムリアップ州が推進する観光地化で主役となるのは，世界遺産や国立公園などの残された環境や景観といった地域資源であり，それらの保護・保全が地域経済の発展において最も優先されるべき課題であることは間違いない。ただし，この地域において観光資源となる環境や景観の中には，地元に暮らす人々が維持してきた伝統的な生活様式やそれらに関わる文化も当然のことながら含まれている。したがって，観光地化による地域経済の発展が，地域住民の産業への関わり方，あるいは日常的な生活様式を大きく変えてしまっている現状は大きな問題である。もっとも，物理的な観光資源の保護・保全が優先されるあまり，地域住民の安定した生活の維持・発展が犠牲にされるようであってもいけない。環境・景観の保護・保全と地元経済発展の双方に配慮しバランスをとることは難題ではあるものの，その実現の手法こそが，持続的開発（sustainable development）のあるべき姿だと考える必要がある。

注
1) 開発途上国における観光地開発の実情と地域の持続性に関する実証的な研究には，パミール，カラコラム地域に関する落合（2011，2017）Ochiai（2009，2015）などがある。
2) National Accounts Main Aggregates Database による。
3) TOURISM STATISTICS REPORT Year 2017. Ministry of Tourism Statistics and Tourism Information Department による。
4) https://www.nis.gov.kh/nis/CensusInfo2.0/index.htm（2019年3月）による。
5) 前掲 3) による。
6) 2017年12月現在のアンコール遺跡公園入場料は，1日券が37ドル，3日券が62ドル，7日券が72ドルとなっている。
7) 実際に，2013年にロハール村で行った意識調査の結果によれば，ほとんどの住民が観光地化の進展に満足していて，観光業に関わることで家族の収入が増えたと実感している住民が大多数を占めていた（山本ほか，2015）。
8) 発電業者から電気を購入していた時は1kW＝4,000リエル（＝1ドル）だった料金が，国営電力会社の電気を利用できるようになった2018年からは，1kW＝800リエルと5分の1になった。
9) 前掲 8) の通り，現在ではその負担は軽減されている。
10) 具体的な農法や栽培作物については，落合（2019）に詳しい。
11) たとえば，横山（2011）がラオス北部の焼き畑の実状について報告しており，それによれば，休閑期間などに地域の事情に応じたさまざまな違いはあるものの，本来の焼畑は地域特性に適合した農法であることが示されている。
12) 収穫したカシューナッツは食用になる種子だけを取り出し，都市部から買い付けに来る業者に

販売する。1kg あたり 6,000 リエル（1.5USD）で販売し，750 ドルの収入を得た。
13) 20 本程度の実がついた 1 枝を 4,000〜5,000 リエル（1 ドル強）程度で卸している。プノン・クーレン地域特産の皮がオレンジ色のバナナはモリャッカット村の道路沿いで 1 房（10 本くらい）2.5 ドルで販売されていた（2017 年）。
14) オートバイはほとんどの家で所有しており，新車価格は 2,200 ドルほどである。
15) 水源から水を組み上げるポンプのディーゼル燃料は，1 日あたり 6 リットル必要である（1 リットルあたり約 1 ドル）。この経費は村人が，それぞれ所得に応じて供出することになっている。
16) 山本ほか（2015）による。

参考文献
落合康浩（2011）「キルギス共和国アライ谷における産業構造及び生活の実態」日本大学文理学部自然科学研究所『研究紀要』46，11-24。
落合康浩（2017）「パミール・カラコラムに居住するワヒの生活実態にみる地域差」日本大学文理学部自然科学研究所『研究紀要』52，1-15。
落合康浩（2019）「カンボジア王国シェムリアップ州の観光地化と農村の変容」日本大学文理学部自然科学研究所『研究紀要』54，1-13。
山本質素・嘉吉純夫・小林紀由・大塚友美・藁谷哲也・落合康浩・高橋陽一郎（2015）「幸福の決定要因に関する学際的実証研究」日本大学文理学部人文科学研究所『研究紀要』89，115-128。
横山智（2011）「焼畑再考─焼畑は環境破壊の原因か？」『人文地理』63，64-67。
Ochiai, Y.(2009),"Influences of the Developments and Issues Related to the Sustainability of Regionalism", Gojal, *Northern Areas of Pakistan*, Geographical Studies, 84, 51-64.
Ochiai, Y.(2015),"The Current Status of Lifestyle and Occupations in the Wakhan Area of Tajikistan", *Mapping Transition in the Pamirs Changing Huan-Environmental Landscapes*, Springer International Publishing.

第5章

経済発展と社会変動

1. はじめに

1991年に内戦が終結，1992年に国連カンボジア暫定統治機構（UNTAC）が活動を開始するなどして，ようやく平和と安定とを取り戻したカンボジアの経済は，近年，急速な成長と発展の軌道に乗りつつある。同国国民にとって，好ましい社会経済状況である。

本章では，これまでの諸章での議論（第1章（国土条件等），第2章（歴史と政治），第3章（英語教育），第4章（観光と経済））を踏まえた上で，カンボジア経済の成長と発展の要因，成長と発展が社会に及ぼす影響，といった問題をマクロとミクロの観点から考察することを通して，同国の経済と社会の今日の状況を紹介する。

2. 経済の成長と発展

カンボジアが平和と安定を取り戻した1990年初頭以降，同国の経済は概ね順調に成長してきた，といえる。次の図5-1と図5-2が示しているのは，国内総生産（GDP）と経済成長率の推移である。これらの図から，サブプライム・ローン問題に端を発する世界的不況の悪影響を受けた2009年を別にすれば，カンボジアの国内総生産は順調に成長していることが分かる。特に2004年から2007年にかけて，同国の経済は10％を超える高い成長率を達成している。また，その後は7％前後の良好な成長率を維持している。

第4章で見たように，これに貢献した要因の1つに，平和の回復にとも

2. 経済の成長と発展   89

図 5-1　カンボジアの国内総生産（GDP）の推移

(単位：10 億リエル)

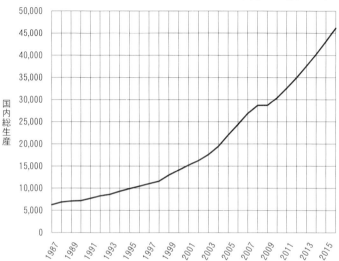

資料：International Monetary Fund, *World Economic Outlook* (*Database*), April 2018.

図 5-2　カンボジアの経済成長率

(単位：%)

資料：International Monetary Fund, *World Economic Outlook* (*Database*), April 2018.

なって観光業が活発化したことが挙げられよう。しかしながら，ここで重要な事は，平和の回復により，① 人々が経済（生産）活動に専念できるようになったこと，② 外国からの直接投資の流入が同国における生産活動を一段と促進したこと，の2点である。

まずは，経済成長のプロセスを示した図 5-3 を用いて，第 1 の点（①）から見てゆこう。労働者 L は，道具類や生産設備などの資本ストック K を用いて働く。国内総生産 Y は，そうした生産（経済）活動の成果である。この成果物の相当部分は，労働者をも含む国民（人口）が生活のために消費し（C）残りの部分は貯蓄される（S）。この貯蓄は，投資 I として用いられ，資本ストック K を増加させる（ΔK）ために，次期の国内総生産 Y が増加する（ΔY）ことになる。それゆえに，経済は成長するのである[1]。

内戦の終結によって平和と安定が訪れた 1990 年代初頭以降，国民がこうした経済活動を営むことが可能になったことによって，経済は成長の軌道に乗りはじめたのである。ハロッド＝ドーマー・モデルを用いると[2]，経済の成長は次式によって表すことができる[3]。ただし，式中の記号の意味は，G

図 5-3　ハロッド＝ドーマー・モデルの概要

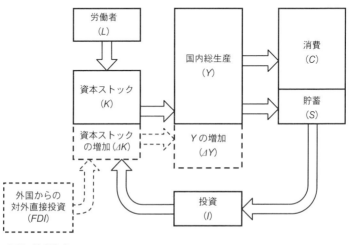

出所：筆者作成。

が経済成長率，s が貯蓄率，v が資本係数である。

$$G = \frac{s}{v} \qquad (1)$$

しかしながら，この式が示しているのは，経済成長の要因である投資 I が，国内の生産活動の成果である国内総生産 Y からくる貯蓄 $S(=s \cdot Y)$ によって賄われたとき（$S=I$）の成長率 G である。カンボジア経済の場合には，経済成長を促進するさらなる要因が働いていた。それが，グローバル化にともなう外国からの対外直接投資である。

時代は遡るが，1929年のアメリカで大恐慌が発生し，1930年代は世界的大不況の時代と化した。この悪影響から自国の経済を守ろうとした強国はブロック経済（アウタルキー〈閉鎖的自給自足経済〉）を構築したが，これが国際経済秩序を崩壊させ，第二次世界大戦の一因となった。この経験から得た「世界の平和には経済の繁栄が必要であり，経済の繁栄には自由貿易が必要である」との教訓のもとに世界各国は，関税貿易一般協定（GATT）や国際通貨基金（IMF）を設けて，自由貿易の拡大に努めてきた。その成果もあってか，各国の経済は概ね繁栄し，局地的な戦争などは起こったが，世界各国を巻きこむ大戦は生じなかった。この意味からするなら，歴史の教訓は生かされたことになる。

自由貿易が拡大するのにともなって，各国の国民経済は国際市場を通じて密接に結び付くようになり，1980・90年代からヒト（労働者）・モノ（商品）・カネ（資本）が，経済的利益を求めて，相当な規模をもって，国境を越えて移動するようになった。これが，いわゆるボーダーレス化・グローバル化といわれる現象である。

このような時代背景のもとに，90年代に平和と安定を取り戻したカンボジアに諸外国からの直接投資が流入しはじめた（図5-3を参照）。すなわち，投資 I は自国の貯蓄 S だけでなく，諸外国からの対外直接投資 FDI（Foreign Direct Investment）の流入（カンボジアからするなら，外資の導入）によっても賄うことができる。これを考慮に入れると，先の第1式は次のように修正される。ただし，式中の f は外資の流入率である[4]。

$$G=\frac{s+f}{v} \qquad (2)$$

すなわち，外資が流入すれば，経済成長率はその分だけ高まるのである。

今日のカンボジアの経済成長が急速である理由は，外資の導入によって繊維産業をはじめとする軽工業の生産が増大しはじめたことにある，といえよう[5)6)]。このような経済の成長（経済の量的拡大）にともなって，経済の構造や質が変化（例えば農業中心の経済から工業中心の経済への変化）する現象のことを経済発展という。

この諸外国からの直接投資を促した要因の1つに，米ドルを自国通貨の代わりに使用（ないしは併用）する経済の"ドル化"がある。1970年代後半，原始共産制の実現を目指したポル・ポト政権は貨幣・銀行制度を廃止した。1980年には自国通貨のリエル（Riel）が導入されたが，国民からの信認を得られないなか，国連カンボジア暫定統治機構（UNTAC）の活動などにより多額の米ドルが持ち込まれたために，カンボジアではドルが広く使用されるようになった（ドル化）。その結果として，外国の企業にとっては，為替リスクがないカンボジアは有望な投資先となり，同国への直接投資が増加したのである。

3. カンボジア経済の課題

次に，経済の成長と発展が進展しているカンボジア経済が克服すべき問題を概観する。

3-1. 農業の比重の大きさ

次の表5-1から分かるように，2017年現在においても，市部（都市地域）に居住するカンボジア国民は全体の約2割にすぎない。国民のおよそ8割は郡部（農村地域）に居住している。そうした状況下にあって，漸減しつつはあるものの，2014年現在，同国労働者の約6割は第1次産業（農林水産業）に従事しており，第2次産業（鉱工業）に従事している労働者は1割に満た

表 5-1 カンボジア経済の特徴

(単位：％)

		2000	2005	2010	2014	2017
人口	市部（都市）人口	18.59	19.17	20.29	21.80	22.98
	郡部（農村）人口	81.41	80.83	79.71	78.20	77.02
労働	第1次産業（農林水産業）	73.72	60.30	72.29	64.32	—
	第2次産業（鉱工業）	7.03	9.70	9.16	9.04	—
	第3次産業（サービス業）	19.25	30.00	18.55	26.64	—
	合計	100.00	100.00	100.00	100.00	—
GDP	第1次産業（農林水産業）	35.95	30.71	33.88	28.70	23.44
	第2次産業（鉱工業）	21.85	24.99	21.76	25.45	30.74
	第3次産業（サービス業）	37.13	39.08	38.30	39.34	39.74
	その他	5.08	5.22	6.06	6.52	6.08
	合計	100.00	100.00	100.00	100.00	100.00

資料：Asian Development Bank (ADB), *Key Indicators for Asia and the Pacific 2018*, www.adb.org/statistics.

ない。また，先に見たように，同国の国内総生産（GDP）は増加しつつあるものの，その内訳を見ると（表 5-1），第2次産業（鉱工業）の生産額は増加しているが，国内総生産の30％（2017年）を占めるに過ぎない。逆に，農林水産業の生産額は減少してはいるが，依然として23％という高い比重を占めている。

すなわち，カンボジアの経済は成長しつつあるとはいえ，工業化の初期段階にあるのであって，国民（労働者）の多くは，依然，生産性の低い農業に依存して生活していることになる。

3-2. ルイス・モデル[7]

こうした状況下にあるカンボジアの経済は，次に示すルイス・モデルによってうまく表わすことができる。

いま，一国の国民経済は，農業部門（伝統部門）と工業部門（近代部門）から成る，と想定する。そして，縦軸に農業生産額と工業生産額を測り（農業部門は農村地域に，工業部門は都市地域に位置する，と想定），横軸に人

口を測る。次に、農業部門の限界生産力曲線を AA 線、工業部門の限界生産力曲線を II 線、生存に必要な最低生存費を WW 線によって表わすと、一国の国民経済は次の図によって表わすことができる（図5-4を参照）。

このとき、AA 線（農業部門の限界生産力曲線）と最低生存費の WW の交点 d によって、農業部門の雇用量は $O_A R_1$ に決まる。この場合、農業部門の生産額は、台形 $O_A \cdot c \cdot d \cdot R_1$ の面積で表される。この面積のうち矩形 $O_A \cdot W \cdot d \cdot R_1$ の面積は労働者に支払われた賃金総額を示しており、三角形 $W \cdot c \cdot d$ の面積は農業部門の利潤を示している。これと同じ要領で、工業部門の雇用量は $O_1 U_1$ となり、工業部門の生産額は台形 $O_1 \cdot a \cdot b \cdot U_1$ の面積で表される。この面積のうち、矩形 $O_1 \cdot W \cdot b \cdot U_1$ の面積は労働者に支払われた賃金総額を示しており、三角形 $W \cdot a \cdot b$ の面積は工業部門の利潤を示している。なお、農業部門の生産額を大きく、工業部門の生産額を小さく示しているのは、工業化の進展が低迷している開発途上国の経済状況を表わすためである。

図5-4 ルイス・モデル

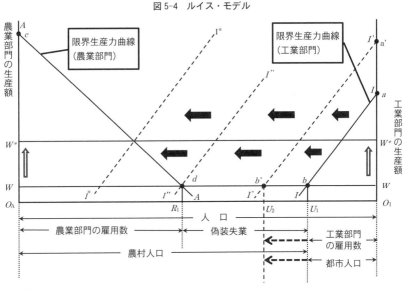

出所：筆者作成。

さて，人口 O_AO_1 のうち R_1U_1 で示される人々は，工業部門にも農業部門にも雇用されておらず，生活の糧を得ることができない。これらの人々は，農業部門の利潤（図5-4 の三角形の面積 $W \cdot c \cdot d$）に依拠して生活している，いわゆる偽装失業である。

いま，工業部門の発展がはじまり，限界生産力曲線が $I'I'$ 線へとシフトすると，工業部門の雇用は O_1U_2 へと増加するが，その増分 U_1U_2 は農村部門が吸収していた偽装失業の労働者（人口）である。そして，工業部門（近代部門）は都市地域に立地するので，U_1U_2 の規模の農村・都市間人口移動が生じ，人口の都市化が進展することになる。

工業部門の発展（II 線の左方へのシフト）が続くなら，上記のような状況は農村部門が抱える偽装失業状態の労働者が枯渇する点 d，すなわち"転換点"に達するまで続く。このように，農業部門は工業部門の求めに応じて，労働者があたかも農業部門に無限に存在するかのように，潤沢に提供することになる。これが，いわゆる無制限労働供給である。

さて，無制限労働供給の状況下において，農村地域から都市地域に提供される労働の大半は未熟練・半熟練労働者であって，彼（彼女）らの賃金水準は当然のことながら低水準にあり，そうした労働者の都市地域への流入は，都市地域の未熟練・半熟練労働者の賃金を低水準に釘づけにする（図5-4 の WW 線（最低生存費）を参照されたい）。

つまり，都市地域に立地する工業部門は，農村地域から潤沢に提供される安価な労働者を活用できる。こうした要因があることから，先進諸国等の企業はカンボジアを有望な投資先と見なすのであり，同国への直接投資が増加するのである。また，それゆえ，先にも見たように，同国の経済成長が促進されることになるのである。

3-3. 不平等度（格差）の拡大—クズネッツの逆U字仮説—

外資の導入と安価な労働力の活用は，カンボジア経済の成長と発展にとって効果を発揮する。とはいうものの，ここに克服すべき重要な課題が潜んでいる。

かつて，クズネッツは，経済発展の初期段階において不平等度（格差）は小さいものの，発展の階梯が高まるにつれて不平等度は拡大し，さらに発展の階梯が高まると不平等度はしだいに低下する，とする逆U字仮説を提起した（図5-5-aを参照）[8]。

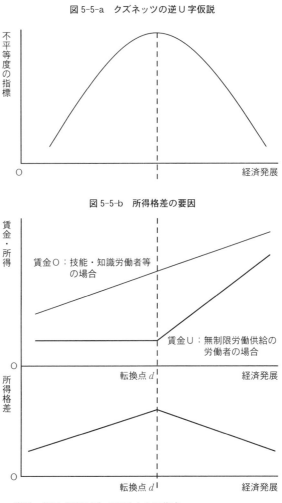

図5-5-a　クズネッツの逆U字仮説

図5-5-b　所得格差の要因

資料：朝元（2004年）の図をもとに作成。

不平等度のこうした推移は、ルイス・モデル（図5-4を参照）を用いるなら、次のように説明できる。無制限労働供給の状況下で、農業部門（農村地域）から工業部門（都市地域）に提供される労働者の大半は、既述のように、未熟練・半熟練労働者である。そして、彼らが手にする賃金は、ようやく生計を維持できる低水準（最低生存費）である。

彼らの都市への流入は、都市地域の未熟練・半熟練労働者の賃金をも低水準に釘づけする。こうした労働者の賃金が、上昇に転ずる（WW線→W^*W^*線）のは、工業化が進展して、工業部門の限界生産力曲線が転換点d（図5-4）に達した後である。これに対して、都市地域の技能・知識労働者等の賃金は、経済の成長と発展と歩調を合わせて上昇する。

図5-5-bは、賃金水準のこうした推移を示している。すなわち、未熟練・半熟練労働者の賃金の推移（図5-5-bの"賃金U"）と技能・知識労働者の賃金（図5-5-bの"賃金O"）の格差は、II線がシフトして転換点d（図5-4-a）に達するまでは拡大し、その後は縮小する。経済の成長と発展にともなって、まず不平等度は高まり、やがて不平等度は低下するのは、こうした要因が作用しているからである、と考えられる。

不平等度の高まりは、経済開発を推し進める上で、慎重に考慮すべきである。なぜなら、その高まりは社会不安の一大要因となるからである。この点を理解する上で、日本の経験は有益であろう。不平等の度合を示す指標の1つに、ジニ係数がある。ジニ係数は0から1の値域をもち、これが1に近づくほど不平等度が高まる。そして、ジニ係数が0.4の場合が"警戒ライン"、0.5以上が"危険ライン"とされている。

わが国の経験よれば、ジニ係数は1900年（明治33年）には0.4の警戒ラインを突破したが、1918年（大正7年）になると、米価の急騰に苦しんだ庶民が引き起こした暴動事件、いわゆる「米騒動」が都市部を中心に発生した。また、1930～40年（昭和5～15年）のジニ係数は危険ラインである0.5を上回っているが、1936年（昭和11年）2月26日には、わが国が第二次世界大戦へ向けて第一歩を踏み出すこととなった二・二六事件（貧困にあえぐ農民の惨状等を知る陸軍青年将校によるクーデター）が勃発した[9]。

このような影響を考慮してのことか，カンボジアの経済格差の動向について，国際機関などによる研究が盛んに行われてきた。

　カンボジアは，1人当たり国民総所得（GNI）が1,025ドル（約10万5千円）を上回ったことから，2016年7月，世界銀行は同国経済の格付けを低所得国から低位中所得国に格上げした。また，これまでの議論から分かるように，同国の経済はまだ開発の緒に就いたばかりである。クズネッツの逆U字仮説によるならば，このような経済の成長と発展は，同国における不平等度を拡大する方向に作用するはずである。ところが，この想定とは逆に，近年の同国のジニ係数は低下傾向を示しているのである。

　世界銀行（World Bank）はこのような状況に関する分析を行い，『貧困層はどこへ行ったのか？―カンボジアの貧困調査2013―』と題する興味深い報告書を提示した[10]。カンボジアのジニ係数の推移（図5-6）を見ると，2004～2007年の時期に0.326から0.374まで上昇したが，その後は低下を続け，2011年のジニ係数は0.282になっている。この値は，所得格差は2007年以降改善され，低い状況に達したことを示している。

　しかし，ジニ係数のこうした推移は，貧困線を僅かに超えた人々が増加し

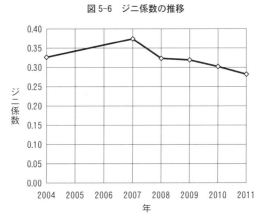

図5-6　ジニ係数の推移

資料：World Bank, *Where Have ALL The Poor Gone?* (*Cambodia Poverty Assessment 2013*), *A World Bank Country Study*, World Bank 2014.

た結果として生じたものである．別言するなら，疾病や失業などにより所得が減少すると再び貧困層に転落しかねない人々が増えたことを示している，というのである．この報告書では，カンボジアのこうした状況を"脆弱性(Vulnerability)"という言葉で表現している．

すなわち，カンボジアにおける所得配分の不平等は，目に見えにくい形で進行しているのかもしれない．これが社会不安となって顕在化した場合，不安を嫌う外国資本の流出，直接投資の減少などが生じ，経済の成長と発展に大きな影響が生じる恐れも否定しきれないのである．

4．人口転換[11]

この不平等度の拡大の悪影響を，増幅させかねない要因がある．それが，人口の急速な増加である．カンボジアの人口は，平和回復する直前の1990年から2015年の25年間に，897万人から1,550万人へと年率にして2％を超える高率で増加している．

こうした人口増加をもたらしたものが，人口転換である．人口転換とは，

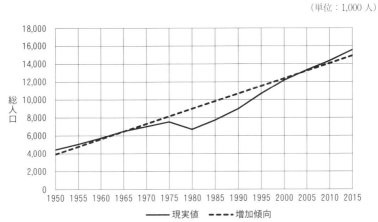

図5-7　カンボジアの総人口の推移

（単位：1,000人）

資料：United Nations, *World Population Prospects: The 2017 Revision*，より作成．

経済の発展にともなって，一国の人口状況が多産多死（高出生高死亡率）から少産少死（低出生低死亡率）へと推移することである。その過程を，次の人口転換理論の概念図を用いて説明する。

いま，縦軸に出生率と死亡率を測り，横軸に経済発展（もしくは，年）を測り，出生率と死亡率の経年変化をプロットしてゆくと，次の図5-8が出来上がる。

経済が低発展段階にある場合，生活水準の低さゆえに，死亡率は高くなる。このとき，人間は，人口減少を回避しようとするために，出生率は死亡率を上回る水準に維持される（人口転換の第Ⅰ期）。経済発展がはじまると，生活水準の向上が生じて，死亡率は急速な低下を開始する。しかし，人口転換の第Ⅰ期に醸成された，多産を歓迎する習慣や通念が社会に浸透しているため，出生率は高率を保つことになる（第Ⅱ期）。やがて，死亡率の低下により人口圧（人口増加の負担）が高まると，これに対応しようと夫婦が家族計画を行なう結果，出生率は死亡率を急追するかのように低下する（第Ⅲ期）。経済が成熟段階に達すると，死亡率と出生率はともに低水準で安定する（第Ⅳ期）。以上が人口転換の概要であるが，さらに言うなら，経済が成熟段階に達した先進国のなかには，出生率のさらなる低下が生じて死亡率を

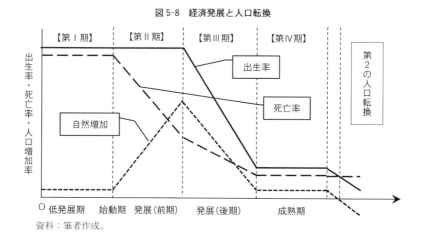

図5-8 経済発展と人口転換

資料：筆者作成。

下回った結果，人口が減少に転ずる新たな人口現象，"第2の人口転換"に直面する国も現れている。

　出生率と死亡率のこうした変化にともなって，両者の差である人口の自然増加率（＝出生率−死亡率）は，低水準（人口転換の第Ⅰ期）→上昇（第Ⅱ期）→低下（第Ⅲ期）→低水準（第Ⅳ期）→マイナス（第2の人口転換），の順に変化することになる。

　このような，経済発展にともう人口転換を，内生的人口転換という。これは，一般に，先進国などで生ずる。これに対して，経済発展の遅れた開発途上国などでは，外国からの医療援助や家族計画プログラムなどの外的要因によって，人口転換が生ずる。これを外生的人口転換という。ここで留意すべきは，経済の成長と発展が十分でないなか，外生的人口転換が進展して人口が増加した場合，それが経済にもたらす負の影響である。

　次の図5-9が示しているのは，カンボジアの人口動態の推移である。ここから分かるように，カンボジアの自然増加率は，内戦等の影響によって

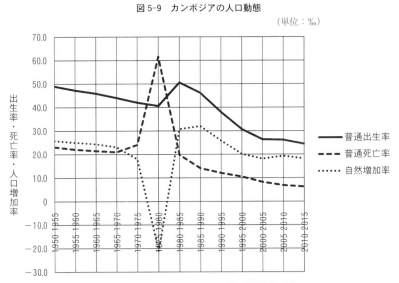

図5-9　カンボジアの人口動態
（単位：‰）

資料：United Nations, *World Population Prospects: The 2017 Revision*.

1970-1980年に著しく低下し，内戦による混乱の度合いが低下し始めた1985-90年に反転上昇した後，1995-2000年には再び低下に転じ，2005年以降はごく緩やかな低下傾向にある。このような変化は，同国の出生率と死亡率にこの図が示しているような変化が生じた結果である。

これまでの議論から，カンボジアの経済・人口状況は次のよう纏めることができる。

①近年，経済の成長と発展が軌道に乗り始めたが，その恩恵は国民すべてに行き渡ってはいないこと，

②不平等な所得配分（所得格差）は見えにくい形で存在していること，

③出生率と死亡率は緩慢な低下傾向にはあるものの，自然増加率は依然として高水準にあって，顕著な低下傾向を示してはいないこと，

これらの点から総合的に判断するなら，カンボジアの人口転換は外生的人口転換であって，その進渉度は第3期の初期段階にある，といえよう。それだけに，人口転換がもたらす人口増加が国民一般の生活に及ぼす負の影響への不安を，拭い去ることができないのである。

5. 社会変動

これまでの議論は，マクロの観点から見た，カンボジアの社会経済状況である。では，このような社会経済の成長と発展は，庶民の生活に如何なる影響を及ぼしているであろうか。本節では，こうした経済的成果がもたらす影響を，同国の農山村において行った聞き取り調査から得られた知見をもとに，ミクロの視点から概観する。

先に見たように，今日のカンボジアは工業化の初期段階にあるが，その恩恵が隅々にまで行き渡っている，とは言えない。国民の約8割は郡部（農山村地域）に居住しており，その大半は生産性の低い第1次産業（農林水産業）に従事している。

5-1. 社会関係資本

　貧しい農山村の生活を支えてきたものは，伝統的な慣行である．長い時間・多くの労力・多額の支出などを要する農作業・家屋の新増改築・冠婚葬祭・出産などを，親戚や近隣住民による協働と相互扶助によって巧く処理してきた．カンボジアでは，プロワス・ダイ（"交代で手伝い合うこと"の意），チューイ・クニア（"互いに助け合うこと"の意）という協働・相互扶助の仕組が存在する[12]．村民の間のこうした人間関係こそが，農山村の生活を支えてきた．一種の"社会関係資本（Social Capital）"といえる．

　これらの協同の仕組は，時代環境のうねりの中で，大きく変化してきた．チューイ・クニア（助け合い）もプロワス・ダイ（手伝い合い）も，国民の多くが貧しかった植民地時代，およびロン・ノル時代には，その機能を十分に果たしていた．ところが，ポル・ポト時代になると，農民の他村への強制移住などが行われたことから，人びとの紐帯自体が破壊されてしまい，農村社会におけるこれらの機能は失われてしまう．

　ひとたび途絶えた協同の仕組であるが，"ポル・ポト後"の時代に入った直後に急速に復活し，非常に盛んになる．これは，強制移住先から農民が帰村したとき，家屋は破壊され，田畑は荒廃していたことから，生活を立て直す（すなわち，家を再建し，荒れた田畑を元に戻す）には，協同の仕組に頼らざるを得なかったからである．

　しかし，カンボジア社会が平和を取り戻し，経済の成長と発展がはじまり，貨幣経済が村落社会に浸透しはじめると，その影響により協同の仕組の働きが衰退しはじめ，村民間において貧富の格差の顕在化が進展することになる．そこで，経済の成長と発展により協同の仕組が衰退する経緯を，聞き取り調査から得られた情報をもとに概観する．

　このプロセスは，平野部の農村と山間部の農村とで違いがあるように思われるため，2つに分けて論ずる．

5-2. 平野部

　まず，最初は平野部に位置する農村である．ここでは，次のような事象が

生ずる。

①観光化の影響：カンボジアが平和を取り戻すと，経済が再び稼働しはじめ，アンコール遺跡群等への観光客が増加しはじめる。その結果，観光客相手のレストラン，木製品の土産物（太鼓をはじめとする楽器，牛車の模型）の生産などが盛んになる。これらは農業よりも多くの利益を生むため，観光地（遺跡群）近隣の村では，村民の多くがそうした職業を選択するため，農業生産は自家消費分だけでよい，という状況が生まれる。すなわち，農作業のために，協同の仕組を利用する動因が弱まる。

②農業機械の導入：たとえ営農を継続するにしても，農業を効率的に行い，余力は更なる利益の見込める他の職（①を参照）に振り向ける，という村人も現れる。この場合の効率化は，耕運機等の農業機械の導入によって図られる。このことは，農作業を耕運機を使って行う個人的ないしは世帯ごとの作業へと変質させるため，協同の仕組を利用する必要性を低下させる。その結果，伝統的な協同の農作業で用いられた役牛は活躍の場を失い，役牛を飼育する農家も減少することになる。

③生活様式の変化（高度化）：以前であれば，出産は各家で行われ，産婆が処置をした。この場合，親戚や隣家にチューイ・クニア（助け合い）を頼んだ。しかし，近年では，出産は病院で行われるため，チューイ・クニアを行う必要もなくなった。

④マイクロファイナンスの活動：マイクロファイナンス（microfinance）とは，開発途上国などで見ることのできる，貧困者向けの小規模金融サービスのことである。平野部の村落では，多くの農民がマイクロファイナンスからの融資を利用している。このことは，更なる利益へのアクセスを可能にする。たとえば，マイクロファイナンスからの融資を用いて，土産物の木工製造所の拡大を図る，あるいは，オートバイを購入することで，時流に乗って経済的に繁栄するシェムリアップ市等へのアクセスが容易になり，農業より高収入を得られる建設労働者として働ける機会も多くなる，といった具合である。マイクロファイナンスのこうした融資活動も，農業以外の職の選択の幅を広げ，協同の仕組を利用する

必要性を引き下げることになる。

　上記の説明から分かるように，表面的にはのどかに見える村落においても，経済の成長と発展が進むにつれて，旧来の村社会には当然のように備わっていた協同の仕組が廃れ，貧富の格差が急速に拡大する，という大きな変化に直面している。

5-3. 山間部

　他方，都市部から離れた山村においては，平野部の観光地に隣接する村とは異なるプロセスを経て貧富の格差が拡大している，といえる。

　シェムリアップ州の北東約40km（車で約2時間）に位置する山岳地帯，クーレン山（プノン・クーレン Phnom Kulen,「ライチの山」の意。国立公園が位置する）地域の山村では，今から10年ほど前まで伝統的な焼畑農業が行なわれ，陸稲，バナナ，キャッサバ，トウモロコシなどを栽培していた。しかし，経済の成長と発展にともなってカシューナッツへの需要が増えはじめると，換金性の高いカシューナッツは"儲かる"との情報が外部から伝わり，カシューナッツ・ツリー栽培への転作が急速に進んだ。

　カシューナッツ・ツリーへの転向が急速に進んだ理由は，およそ次の通りである。

　まず，焼畑農業に関して言えば，

① 一回の耕作で土地の肥沃度が下がるため，複数ある畑（通常，3〜5カ所程度）の1カ所で耕作すると翌年は別の畑を耕作する，といった具合に年ごとに耕作地を一定の順序で変えなければならない（未利用の畑は，休閑地とする），

② 畑は必ずしも自宅の傍にあるわけではなく，耕作する畑が徒歩で30分〜2時間といった遠方にある場合には，多くの時間・労力を費やさなければならない，

③ 焼畑には燃え残りの木の根や，石などがあるために，機械や役牛などは使えない，

といった問題点がある。

これに対して，カシューナッツ・ツリーの栽培には，
① 貧栄養土壌（砂地などの痩せた土地）においてもよく育ち，耕耘・灌漑・施肥なども特に必要としない，
② それゆえ，一度木を植えると，雑草を抜くだけで十分なため，手間がかからない，
③ カシューナッツは換金性に優れており，仲買人が町（シェムリアップ市など）から買付けに来るため，容易に現金を手にできる，
といった焼畑農業にはない利点がある。

その結果，カシューナッツ・ツリーを栽培するようになってから，各山村住民の生活は以前より向上した。現在，これらの村では，陸稲などの栽培は全く行なっていないか，行なっていても自家消費目的である。また，これらの山村の家庭では，米・野菜・肉・魚等はオートバイで来る行商人から入手している，という状況になっている。

しかし，この現金収入こそが山村住民の階層分解を進めている要因である，ともいえる。すなわち，生産性の低い焼畑の自家消費中心の農業を行なっていた時代は，貧富の格差もそれほど大きくはなかったはずである。ところが，カシューナッツ・ツリーへの転換が行なわれ，カシューナッツを売って現金を手にするとなると，広い焼畑を所有している住民は多くの現金収入を手にできるが，そうではない住民は少ない現金しか手にできないことになり，両者間の格差が目に見えて拡大するからである。

このような貧富の格差は，着実に顕在化しつつあるように思われる。たとえば，同地域のある山村には，近くの水源からポンプで水を引き上げて利用する共同の水場がある。そのポンプのガソリン代を各家庭から徴収するに際しては，豊かな家庭は2.5ドル（10,000リエル），貧しい家庭は1.25ドル（5,000リエル）といった具合に，徴収額に差をつけていた[13]。こうした状況は，これまで山村住民の生活を支えてきた協働の仕組に，微妙な負の影響を及ぼすことになる，といって差し支えないであろう。

また，カシューナッツ・ツリーの栽培によって如何に生活水準が向上したとしても，それにのみ収入を依存することには一抹の不安を感じざるを得な

い。なぜなら，カシューナッツの価格は需給関係によって決まるため，価格の低下しだいでは生活が困窮しかねないからである。いわゆる，先の"脆弱性（Vulnerability）"の問題がここに見られる。

こうした要因を増幅しているのが，いわゆる開発政策である。クーレン山地域の山村はいわゆる遠隔地であって，町への出稼ぎも行なわれておらず，また，行商人などが外部から来ることはあっても，外部からの影響は比較的少なかった。しかし，近年，同地域を縦断する大規模な道路の施設工事が進められ（ほぼ完成している），それとともに電気が利用可能になっている。このため，物流・交通等が活発化すると同時に，土地の利便性・価値が高まり，地価が上昇するなど，山村住民の生活に大きな影響を及ぼしている。

5-4. NGO（非政府組織）の活動

これまで，農山村の住民の貧しい生活を支えてきたのは，プロワス・ダイやチューイ・クニアなどに代表される協働の仕組，すなわち社会関係資本（Social Capital）であった。しかし，平和が訪れ，経済の成長と発展がはじまると，先に見たようなプロセスを経て，協働の仕組は機能不全に陥る。その結果，成長と発展の波に乗れた住民は豊かになるが，それに乗りそこない，また協働の仕組に依存してきた住民は貧困に陥ることになる。

こうした状況の下で，協同の仕組の衰退を補うかたちで登場してくるのが，NGO（非政府組織）の活動である。ここでは詳細は述べられないが，我々の聞き取り調査の対象となった上記の地域においても，NGOによる支援活動が行われている[14]。

しかし，NGOによる支援活動には，ある種の限界も感じられる。たとえば，シェムリアップ市での働き口を求める村人は，マイクロファイナンスからの融資を受けて，移動手段としてのオートバイを購入しようとする。このとき，村人が利用しようとするマイクロファイナンスには，商業銀行による担保（土地証書など）を要する有利子のもの（返済できなければ，土地を失う）と，NGOによる担保を要しない無利子もの（返済できない場合でも，土地を失う危険は少ない）の，2つの種類に大別される。

常識的に見た場合，貧しい農民はNGOによるマイクロファイナンスを活用する，と考えるのが普通であろう。ところが，現実はその逆で，商業銀行によるマイクロファイナンスを活用する農民の方が多い。その要因の一つとしては，NGOによるマイクロファイナンスは，貸付限度がたとえば100ドル以下，といった少額である場合が多いことに起因している。融資額が少額であれば，先に見たように，町へ出て働くために必要なオートバイも購入できず，現金収入を得るチャンスを逃すことになる。それゆえ，貧しい農民は，商業銀行のマイクロファイナンスを活用せざるを得なくなるのである。

6. まとめ

本章では，まず，経済が成長と発展の軌道に乗りはじめた近年のカンボジアの経済を，理論的枠組み（ハロッド＝ドーマー・モデル，ルイス・モデル，クズネッツの逆U字仮説，人口転換理論）に依拠してマクロの視点から考察し，大きな変化の渦中にある同国の実状を紹介してきた。次いで，経済の成長と発展の進展が，農山村の生活に及ぼしている影響を，聞取り調査から得られた知見をもとに，ミクロの視点から紹介してきた。

この議論から，経済の成長・発展と一般庶民の生活との関係が浮き彫りになってきたであろう。人々は日々の暮らしのなかで，安定した生活を求める。同時に，より良い暮らし，すなわち経済の成長と発展をも求める。ところが，経済の発展はその見返りとして，生活の変化を人々に強いる[15]。より具体的に言えば，この変化は，成長と発展がはじまるまで庶民の生活を支えてきた社会関係資本（Social Capital）を弱体化させる。その結果，発展の波に巧く乗った者と，それに乗れなかった者との間に所得格差が生じ，不平等度が高まることになる。

今日の開発途上国が経済開発を進める上で重要なことは，安定したより良い暮らしを実現するために経済を成長・発展させる一方，経済発展が人々に強いる変化がもたらす不平等度の高まりなどからくる苦痛を最小限にとどめようとする努力である，といえる。

注

1) t 年の国内総生産を Y, $t+1$ 年の国内総生産を Y' とすると, 経済成長率 G は次式によって表すことができる。

$$G = \frac{Y'-Y}{Y} = \frac{(Y+\Delta Y)-Y}{Y} = \frac{\Delta Y}{Y}$$

2) ハロッド＝ドーマー・モデルの概要に関しては, 下記の文献を参照されたい。
秋山裕 (1999)『経済発展論入門』東洋経済新報社.
飯田経夫 (1979 年) 経済の成長. 尾上久雄・新野幸次郎『経済政策論』有斐閣, 123-153.

3) この式は, 次のように導出される。いま, 外国との繋がりのない封鎖経済体系を想定し, 資本ストック（生産設備等）を K, 国内総生産を Y, 資本係数を v とすると, それらの関係は次式によって表せる。

$$v = \frac{K}{Y}$$

この式を展開すると, ある一定量の資本ストックは, その $1/v$ 倍の国内総生産がもたらす, とする次式が得られる。

$$Y = \frac{1}{v} K \qquad ①$$

この式からするなら, 国内総生産 Y を増加させるには, 資本ストックの増加が必要であることになる。

$$\Delta Y = \frac{1}{v} \Delta K \qquad ②$$

この資本ストックの増加 ΔK は, 投資 I によってもたらされる。

$$\Delta K = I \qquad ③$$

投資 I は, 国内の貯蓄 S によって賄われるが,

$$I = S \qquad ④$$

この国内の貯蓄 S は, 国内総生産 Y に貯蓄率 s を乗ずることによって得られる。

$$S = s \cdot Y \qquad ⑤$$

そこで, これを②式に代入すると, 次式が得られる。

$$G = \frac{\Delta Y}{Y} = \frac{s}{v} \qquad ⑥$$

4) この式は, ハロッド＝ドーマー・モデルを拡張することから得られる。グローバル化が進展し, 資本の移動が増加している場合, 資本ストックの増加 ΔK は, 国民経済がもたらす投資 I と外国からの対外直接投資 FDI によって生ずる。

$$\Delta K = I + FDI \qquad ⑦$$

そこで, 先の②式は, 次のように変形される。

$$\Delta Y = \frac{1}{v}(I + FDI) \qquad ⑧$$

これを先の要領で展開すると，次のようになる。

$$\Delta Y = \frac{1}{v}(s \cdot Y + FDI)$$

$$\Delta Y = \frac{1}{v}\left(s + \frac{FDI}{Y}\right)Y$$

ここで FDI/Y を外資の流入率 f とし，さらに展開すると，$\Delta Y/Y$，すなわち経済成長率 G に関する次式が得られることになる。

$$G = \frac{\Delta Y}{Y} = \frac{s+f}{v} \qquad ⑨$$

5）経済成長には，普通，長い時間がかかる。工業化を目指した明治政府は富国強兵・殖産興業政策を推進したが，日本が，国民総生産（GNP）が世界第2位の工業国へと成長したのは，明治維新（1868年）から丁度100年後の1968年である。これに対して，改革開放政策を1978年に採り，外資の導入を積極的に推し進めた中国の国内総生産（GDP）が世界第2位になったのは2010年のことであり，僅か32年しかかかっていない。

6）カンボジアへの直接投資の動向等に関しては，例えば下記を参照されたい。
　日本貿易振興機構（JETRO）『世界貿易投資報告（2018年版）』，www.jetro.go.jp/

7）ルイス・モデルの概要に関しては，下記の文献を参照されたい。
　大塚友美（1993年6月）『国際労働移動の政治経済学』税務経理協会。

8）ここでの説明は，下記の文献による。
　朝元照雄（2004年12月）転換点と逆U字：開発経済学による実証研究.『エコノミクス』第9巻1・2号。

9）南亮進（2007年5月）「所得分布の戦前と戦後を振り返る」『日本労働研究雑誌』第562号。

10）World Bank（2014），*Where Have All The Poor Gone?*（*Cambodia Poverty Assessment 2013*），A World Bank Country Study, World Bank.

11）人口転換理論の概要に関しては，下記の文献を参照されたい。
　大塚友美（2005年6月）『実験で学ぶ経済学』創成社。

12）プロワス・ダイ，チューイ・クニアの詳細に関しては，下記の文献を参照されたい。
　山本質素・大塚友美・石川晃司（2016年2月）「社会経済発展と農村の変貌—カンボジア2農村の事例—」『研究紀要（日本大学人文科学研究所）』，第91号。
　また，これらは，我が国の"結"に相当するものである，といえる。

13）ここでは，金額をドル表記している。これは，経済がドル化しているカンボジアにおいては，同国の通貨リエルと同様にドルが流通しており，村人も金額をドルで回答する場合が多かったことによる。

14）NGOの活動の詳細に関しては，下記の文献を参照されたい。
　山本質素・大塚友美・石川晃司，前掲2016年論文。

15）このことは，本章で述べた経済発展の定義を想起すれば，容易に理解できよう。

第6章

森林資源とその変化

1. はじめに

　人間が利用することが可能な自然事象・現象のことを，自然（天然）資源という。これまで人間は，地球のさまざまな自然資源を利用してきたが，その一つに森林資源がある。森林とは，樹木が密集している空間・地域の総称で，これは古くから人間にさまざまな恩恵を与えてきた，重要な自然資源である。

　森林資源を人間が利用する際の最たる方法は，樹木を建材や薪炭材などの木材として利用することであろう。木材として利用するためには，基本的には樹木を伐採する必要がある。すなわち，樹木の破壊である。ただし樹木を伐採しても自然に新芽が出て成長したり，また植林したりするから，数十年待てば，樹木は見かけ上再生する。ところが，数十年待つ間に新たな木材が必要となれば，別の樹木を伐採することになるので，樹木の総本数は減少する。これが過度に起きれば，樹木の総本数が激減して，ついには森林自体が消滅してしまう。このように，人間が森林に対して過度に働きかけた結果，森林が縮小・消滅してしまう現象を，森林破壊という。森林破壊は，地球温暖化や酸性雨などと並ぶ自然（地球）環境問題の一つで，近年はブラジル・フィリピン・インドネシア・マレーシア・タイなどの熱帯地域においてとくに進行してきた。なお熱帯地域の森林は熱帯林と総称されることから，とくに熱帯地域の森林破壊は，熱帯林破壊とも呼ばれている。

　熱帯地域に位置するカンボジアにも，豊かな熱帯林が形成されているが，これまでは顕著な熱帯林破壊が報告されていなかった。しかし近年は，カン

ボジアにおいても熱帯林破壊が顕著に進行しており，喫緊の問題となっている。このまま熱帯林破壊が進行した結果，近い将来にカンボジアの熱帯林は消滅して，貴重な森林資源は枯渇してしまうのであろうか。そこで本章では，カンボジアにおける森林資源とその変化について報告する。

2. 東南アジアにおける森林とその自然環境

2-1. 植生と熱帯林

　樹木（木本）や草（草本）などの植物は，自然界を構成するおもな要素の一つであり，地表面上にはさまざまな種類の植物が数多く生育している。しかし，ある空間・地域の植物をやや広い視点で観察してみると，1つの種類の植物だけが生育していることは稀で，通常は数～数十種類の植物が集団となって生育している。このように植物を，ある地表面空間を覆っている植物集団の状態として捉えようとする場合，植生と表現する。

　現実の任意空間を観察してみると，植生の形態および植物種の構成は一様ではなく，植生には地域差が生じていることが分かる。これは植生が，地形・地質・気候・水・土壌などの地域差を持つ自然環境の影響を，複合的に受けて形成されるためである。したがって，森林にもいくつかの種類と地域差があり，また森林ではなく草地の地域や，そもそも植生が無い地域も存在する。

　世界的な空間スケールにおける植生分類（群系）からみると，東南アジアの植生は，ほとんどの地域が熱帯林となっている。この熱帯林とは，熱帯地域に形成されている森林の総称で，これはさらに分類される。

　そのうち熱帯雨林（熱帯多雨林）は，常緑樹からおもに構成される森林で，ツル植物や着生植物なども含めて非常に樹種が豊富である。また，熱帯雨林の断面を垂直的にみると多層構造となっており（図6-1），地表面から順に地表層・低木層・中木層（小高木層・亜高木層）・高木層（大高木層）・超高木層（巨大高木層・突出木層）などに分かれる（只木, 1996；八木橋, 2009）。そのうち高木層は，地表面から高さ約30～40mに林冠を持つ層であ

る。林冠とは，樹木の枝葉が茂る部分（樹冠）同士が密集した部分のことで，高木層の林冠は，上空からみると枝葉で覆われる森林の屋根を形成している。その林冠を超える部分が超高木層で，高さ約50〜60m以上の樹木が所々にみられ，この樹木自体を突出木という。最も下の地表層は，上層の林冠に遮られてあまり日射が届かないため，植物が比較的少なく，一般的には見通しが良くて歩きやすい特徴がある（八木橋，2009）。

亜熱帯落葉樹林（熱帯または亜熱帯雨緑林・季節林・モンスーン林など）は，熱帯雨林と同様に多層構造から構成される森林であるが，それがやや不

図 6-1　熱帯林の模式図

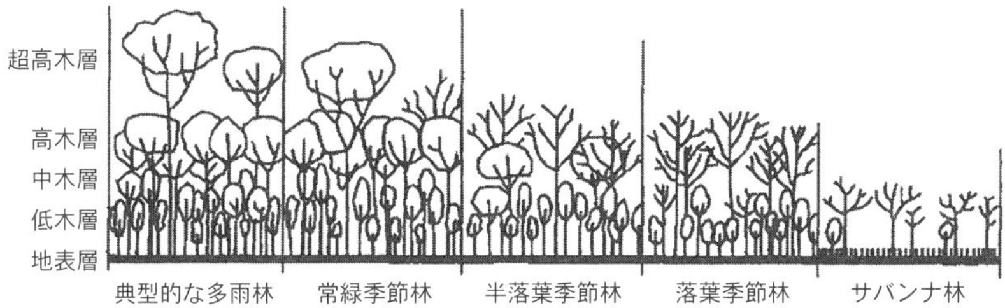

出所：吉良（1983）に加筆。

写真 6-1　亜熱帯落葉樹林

出所：2016年3月撮影。

明瞭な場合もある（図6-1，写真6-1）。また亜熱帯落葉樹林は，常緑樹に加えて落葉樹も混在し，とくに中・高木層がおもに落葉樹から構成される森林もある。そのため落葉樹が落葉する時期は，日射が地表面まで届くので，地表層には草本類が良く茂り，またツル植物なども多く繁茂している。

これら熱帯林の分布について確認しよう。熱帯林のうち熱帯雨林は，赤道周辺のインドネシア・マレーシアや，マレー半島・インドシナ半島のタイ・ミャンマー・ベトナムの一部，さらにフィリピンなどに広く分布している。一方の亜熱帯落葉樹林は，おもにインドシナ半島のカンボジア・ラオスの大部分と，タイ・ミャンマー・ベトナムの一部などに分布している。すなわち，カンボジアの植生はおもに亜熱帯落葉樹林となっており，同じ東南アジアでもインドネシアやマレーシアなどの熱帯雨林とは植生が異なっている。

なお商業的には，熱帯林の樹木の全てが利用されるわけではなく，常緑樹のラワンおよびマホガニーや，落葉樹のチークなどが有用材となる。しかしこれら有用材のみを伐採（択伐）するよりも，森林全体を伐採（皆伐）してしまうほうが経済的に安いため，多くの場合は皆伐されてしまう。

2-2. 熱帯林と気候環境

先述のように植生は，地形・地質・気候・水・土壌などの自然環境の影響を複合的に受けて形成される。そのうち気候環境は，世界的および州・大陸的な空間スケールにおける植生の地域差を生み出す，重要な因子である。

熱帯地域に形成される森林を熱帯林というが，具体的には，気候環境における熱帯気候の地域に形成される森林のことである。世界の気候を分類・区分したケッペンの気候分類によると，熱帯気候とは，最寒月平均気温が18℃以上の地域のことで，これは年間を通して気温が高いことを意味する。そのため熱帯林では，活発な光合成活動がおこなわれており，多種多様な植物が繁茂している。また熱帯気候は，アフリカ大陸・南アメリカ大陸の低緯度地域などにも分布するので，熱帯林はそのような地域にも形成されている。一方，例えば気温が低い冷帯気候の地域には，タイガと呼ばれる針葉樹林が形成されている。このように世界スケールの植生（群系）は，気候環境

のうち気温の影響を大きく受けている。

　それでは，熱帯雨林と亜熱帯落葉樹林の違いも，気温の影響によるものであろうか。これは，おもに降水量の影響である。熱帯雨林・亜熱帯落葉樹林は，どちらも熱帯林であるので，年間を通して気温が高い地域に形成される。一方の降水量は，一般的に年降水量はどちらの森林地域でも多いが，必ずしも年間を通して降水量が多いわけではない。すなわち，1年間のうち降水量が多い期間である雨季と，それが少ない期間である乾季に分かれる地域もある。ケッペンの気候分類では，熱帯気候のうち，年間を通して降水量が多い地域が熱帯雨林気候，雨季と乾季が明瞭に分かれる地域がサバナ気候，それらの中間的な雨季と弱い乾季に分かれる地域が熱帯モンスーン気候にそれぞれ分類されている。例えばサバナ気候区では，雨季の月降水量は数100mmに達するが，乾季には全く降水が無い月もある。

　植生と気候の分布は非常に似ており，これらには対応関係がある。すなわち，熱帯雨林は熱帯雨林気候区・熱帯モンスーン気候区と，亜熱帯落葉樹林はサバナ気候区とおおむね一致する。一般的に気温の高い熱帯気候の植物環境は，月降水量が約100mm以下になるとやや乾燥した環境に，約50mm以下になるとかなり乾燥した環境にあるとみなせる（八木橋, 2009）。そのため，年間を通して降水量が多い熱帯雨林気候区または乾季の短い熱帯モンスーン気候区には，おおむね熱帯雨林が形成される。一方で乾季の長いサバナ気候区には，亜熱帯落葉樹林が形成される。このように世界スケールの植生（群系）の形成には，気温だけではなく降水量も大きく影響し，とくに熱帯林の違いには，おもに降水量の違いが影響している。

　なお実際には，熱帯雨林と亜熱帯落葉樹林との中間的な植生（常緑季節林・半常緑季節林・半落葉季節林・落葉季節林など（図6-1））もあり（吉良, 1983；荒木・伊藤, 2009；八木橋, 2009），これらの形成にも降水量のわずかな違いが影響しているが，その境界は漸移的である。また，亜熱帯落葉樹林よりも乾燥が進むと，木本の密度が低いサバナ（サバンナ）林となり（図6-1），さらに乾燥が進むとサバナ（サバンナ）と呼ばれる草原が形成され，もはや森林ではなくなる。

ところで東南アジアには，カンボジア・タイ・ミャンマー・ラオスの一部などに，熱帯低木林が分布している。これは熱帯山地林とも呼ばれ，山岳地帯に位置し，標高の上昇にともなう気温の低下により多層構造が崩れ，また樹高も低くなった森林である。熱帯低木林も，熱帯林の一つである。

2-3. 熱帯林と土壌環境

植物は，大気中に葉や枝などを広げている一方で大地に根を張り，土壌から水や養分を受け取っている。したがって植生と土壌は，密接な関係にある。そこで次は，熱帯林と土壌の関係について確認しよう。

土壌とは，無機物である岩石と，有機物とが混じり合った物質である。地表面を形作る岩石は，固結している場合（固結岩）もあるが，バラバラと非固結な状態の場合（非固結岩）もある。非固結岩は，固結岩が風化した砕屑物や，河川などによって運搬されて堆積した堆積物などの粒子である。これに動物・植物遺体などの有機物が供給されると，それを小動物や微生物などが粉砕・分解し，また粒子と混合されていく。このように，岩石と有機物とが物理的・化学的・生物的な作用によって混合されて変化・変質していくと，土壌が形成される。

植生と同様に土壌も，地形・地質・気候・水・生物などの自然環境の影響を複合的に受けて形成されるため，土壌にもさまざまな種類と地域差がある。世界および州・大陸スケールにおける土壌の地域差を生むおもな因子は，やはり気候環境で，おもに気候の影響を受けて形成された土壌は，成帯土壌と呼ばれる。

東南アジアの大部分の地域に分布する土壌は，成帯土壌のおもに赤色土（赤黄色土・アクリソル・ウルティソル）で，熱帯気候区に分布する赤色土はラトソル（鉄アルミナ質土壌・オキシソル・フェラルソル）とも呼ばれている。赤色土は，熱帯気候区に形成される土壌であることから，熱帯林の分布ともおおむね一致している。

熱帯林が根を張っている赤色土は，暗赤色または赤褐色を呈する酸性の土壌で，一般的に養分に乏しく痩せている。このような特徴をもつ赤色土は，

以下のようなプロセスによって形成される。熱帯気候区は気温が高く，降水量も多い高温・湿潤環境である。そのため岩石の風化作用が活発で，基盤の固結岩が風化した部分（風化殻）の深度は最大で約30mにも（篠田，1995）達する。その厚い風化殻からは，カリウム・カルシウム・マグネシウム・リンなどの無機物が多く溶出する。一方，植物の生育活動も活発なので，光合成により大量の有機物が生産され，その枯れ葉や倒木などの植物遺体が地表面に蓄積していく。それが土壌中の生物によって粉砕・分解されて腐植となり，最終的には炭酸ガス・アンモニア・水などの無機物へと変化する。この変化も生物活動が活発なため比較的急速であり，また溶出・生産された土壌中の無機物も，植物根によりただちに吸収されてしまう。わずかに残った無機物は，多量の降水にともなう土壌中の水分に溶解して，風化殻の下部へと運搬される。この作用を溶脱作用といい，土壌中の塩基類や珪酸が溶脱（塩基・珪酸溶脱作用）されて，土壌が酸性化する。一方，比較的水に溶けにくい鉄やアルミニウムなどは，土壌中に多く残る。これらの作用が長期的に継続されると，酸化鉄および酸化アルミニウムに富んで赤みが増していき（赤色化作用・鉄アルミナ富化作用），赤色土が形成される。

　また熱帯林の高木は，高さ数十mに達する一方で，一般的に根が非常に浅く，地上に露出していることもある。これは，赤色土の表層部がやや硬い粘土被膜となっていたり，また大部分が硬く厚い風化生成物（ラテライト）となっていて，深く根が張れないためである。したがって熱帯林は，地上の生き生きとした景観とは裏腹に，養分に乏しく非常に痩せた，厳しい土壌環境に形成される森林なのである。

3. 森林変化の実態

3-1. 1973年～2014年の森林面積の変化

　以上のような自然環境に形成される森林である熱帯林について，カンボジア全域を対象に，やや長期的・広域的な森林変化の実態を確認していこう。
　カンボジア全域を対象とした森林面積の変化については，これまでに幾つ

かの報告がある（例えば大平, 2006; 中園ほか, 2012）。その中でOpen Development Cambodia（ODC）では，衛星画像の解析から，1973年～2014年における6時期（1973・1989・2000・2004・2009・2014年）の森林分布図が作成され，長期的な森林面積の変化が公開されている。この森林分布図における森林の凡例は，密林（Dense forest）と混交林（Mixed forest）に分けられている。そのうち密林は，熱帯林のうち乾燥常緑林・乾燥半常緑林から成る，林冠が比較的密集した森林と推定されている。混交林は，乾燥半常緑林・乾燥落葉林・マングローブ林・淡水湿地林（浸水林）・竹林などの他に，人工的なプランテーション林や，やぶ・草地なども含まれると推定されている。なお，カンボジア森林局が空中写真を利用して作成した2002年の森林分布図によると，カンボジアのおもな森林は常緑林が34％，落葉林が44％，および混交林が13％である。カンボジアは，東南アジアスケールからみるとほぼ全域が亜熱帯落葉樹林であるが，視点をやや狭くしてカンボジアスケールからみると，多くの植生に分かれているのである。

　それではODCの森林分布図を基に，カンボジア全域における1973年～2014年の森林面積の変化を確認しよう（図6-2）。カンボジアの面積は，約18万 km^2 である（日本のほぼ半分）。そのうち，密林と混交林を合わせた森林面積は，1973年において約13.1万 km^2（全体の72％）であった。しかし

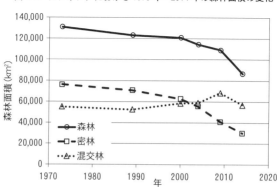

図6-2　カンボジアにおける1973年～2014年の森林面積の変化

出所：Open Development Cambodiaのデータを基に作成。

その後は徐々に縮小し，1989年に12.3万km^2（同68％），2000年に12.1万km^2（同67％）となった。2000年以降は縮小速度が加速し，2004年に11.4万km^2（同63％），2009年に10.9万km^2（同60％）となり，2009年以降はさらに縮小速度が加速して，2014年には約8.7万km^2（同48％）となった。

森林面積の変化について，密林と混交林とを分けて確認してみると，密林面積の変化は，森林全体と同様な縮小傾向を示すことが分かる（図6-2）。すなわち1973年の密林面積は7.6万km^2（全体の42％）で，1989年に7.1万km^2（同39％），2000年に6.3万km^2（同35％），2004年に5.5万km^2（同31％），2009年に4.1万km^2（同23％），2014年に3.0万km^2（同17％）であった。

一方の混交林は，1989年の5.2万km^2（全体の29％）から2000年の5.8万km^2（同32％），2004年の5.9万km^2（同32％），2009年の6.8万km^2（同38％）と拡大傾向にあった（図6-2）。とくに2004年には森林の割合が逆転して，密林よりも混交林の面積の方が広くなった。

このような傾向は皆伐に加えて，密林の有用木の拓伐による森林の劣化が進み，混交林が拡大したためと考えられる。ところが2009年以降は，混交林の面積も縮小傾向に転じ，2014年に5.7万km^2（同31％）となった。これは，混交林の伐採も進行したためと考えられる。

3-2. 1973年〜2014年の森林分布の変化

カンボジア全域における1973年〜2014年の森林面積は縮小傾向にあり，近年はそれが加速している。それではどこの森林が，いつ変化したのであろうか。そこで，各年代における森林分布図を読図するとともに比較して，森林分布の変化についてみてみよう。

森林分布を確認するために，カンボジアの地形環境を概観しておこう（図6-3）。カンボジアは，南西部の一部がタイランド湾に面するほかは，タイ・ラオス・ベトナムと陸続きで国境を接している。北東部から東部のアンナン山脈の南端部と，南西部のカーダマム山地には，標高1,000mを超える山地・高原が分布している。一方北西部から中央部・南東部にかけては段丘・

低地が広がり，その中央部にはトンレサップ湖がある。またやや東側には，国際河川のメコン川が北から南に向かって流下しており，段丘・低地が細長く分布している。南東部のメコン川の下流側には，多数の湖沼が点在する低地が広がっている。カンボジアは，東南アジア諸国の中でも比較的低標高帯の占める割合が高く，標高50m未満の面積は国全体の約40％，100m未満の面積は全体の約70％にも及ぶ（荒木・伊藤，2009）。人口の多くは，これら段丘・低地に集中しているが，そのほとんどは非都市的地域となっており，水田および畑等の農地が広がっている。

それでは始めに，1973年における森林分布図を読図して，森林の分布を確認しよう（図6-3, 6-4）。1973年における密林は，南西部のカーダマム山地，および北東部から東部の山地・高原に集中している。ここの森林は，先述のように低木の常緑林である熱帯低木林であり，これは年間を通して比較的降水量が多い気候環境に形成される森林である。一方，北西部・中央東部・中央北部の丘陵・段丘の一部にも，比較的まとまった密林が分布している。中央東部の段丘・低地の密林は，比較的規模が大きく，ここにはサバナ気候区では珍しい熱帯乾燥常緑林が形成されている（荒木・伊藤，2009；荒木

図6-3 カンボジアの標高区分図

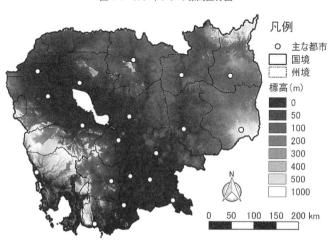

出所：標高はGMTED2010を基に作成。

ほか, 2011)。混交林は, 北部から東部の丘陵・段丘に広く分布するほか, トンレサップ湖岸およびメコン川の河岸周辺の低地にも分布している。これら湖岸および河岸の湿地には, 多層構造の発達した常緑林である淡水湿地林が

図6-4 カンボジアにおける1973年～2014年の森林分布図

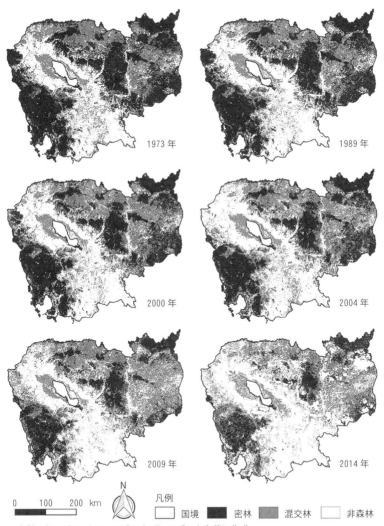

出所：Open Development Cambodia のデータを基に作成。

形成されている。なお，南西部の海岸部（河川の河口部）には，マングローブ林が形成されている。これは淡水湿地林とは違い，汽水域に発達する森林である。このように1973年には，低標高帯にも比較的，森林が広がっていた。

　1973年から1989年および2000年においては，山地・丘陵の縁辺部や段丘の密林が縮小した（図6-3, 6-4）。とくに1989年から2000年にかけては，北西部・中央北部・中央東部などの丘陵・段丘で密林が縮小し，その多くが混交林へと変化した。2004年にかけてはとくに南西部・東部の密林が大規模に縮小して混交林へと変化したが，西部の丘陵では非森林（農地・荒地・都市域など）へと変化し，森林自体が消滅した。2009年にかけては，短期間であるにも関わらず全域において密林が縮小し，その中でも東部の山地・丘陵では大規模に縮小して，混交林へと変化した。また丘陵・段丘の混交林が縮小して，非森林へと変化した地点も広く認められる。2014年にかけても，南西部・中央北部・中央東部などの山地・丘陵の密林が大規模に縮小し，その多くは非森林へと変化した。また混交林も全域にわたって非森林へと変化し，森林自体の消滅が全域において発生した。

　以上のように密林の縮小は，段丘や山地・丘陵の縁辺部などから始まり，だんだんと丘陵・山地へと進行していったことが分かる。この傾向に関しては，1992年〜2005年における解析でも，同様な結果が報告されている（繁山ほか, 2011）。したがって大規模な密林は現在，一部の山地・丘陵にのみ存在し，低地・段丘などの低標高帯にはほとんど存在しないようである。

4. 森林破壊の要因と森林資源

4-1. 森林破壊と商業伐採

　カンボジア全域における森林は，近年とくに縮小してきており，その中でも低地・段丘などの低標高帯の森林は限られている。このような時間的・空間的な森林の縮小の要因とその影響についてみていこう。

　そもそも森林の縮小の一般的要因には，自然発火による森林火災などもあ

るが,ほとんどの場合は人間による伐採,すなわち森林破壊である。熱帯林破壊の場合の一般的要因としては,薪炭材の取得・販売,過剰な焼畑農業,および木材の販売・輸出のほか,農地への転用,道路・ダムなどのインフラ整備,および鉱山開発などのための伐採などがある。また失火によって,森林火災が発生して焼失することもある。

カンボジアにおける森林(熱帯林)破壊の要因は,おもに木材の販売・輸出と,農地への転用のための伐採のほか,失火による森林火災などがあるとされ(飯田・SOKH, 2001;志間, 2006;江原ほか, 2015),これらの背景には人口急増や経済発展などがあると考えられる。しかしこの森林破壊には,合法的な伐採と違法伐採がある。

カンボジアでは,ポルポト政権崩壊後の1980年代から違法伐採がおこなわれていた(志間, 2006)。1993年のカンボジア王国成立後,カンボジア政府は,内戦によって疲弊した国内の復興と近代化を図るための財源を森林資源に求め,1994年に森林伐採権(Forest Concession)を定めた。森林伐採権では,それを取得した企業が伐採税を納めることで,森林を合法的に伐採して木材を販売・輸出することが出来る。その指定面積は,1997年時点で約7万km^{2}に上り(飯田・SOKH, 2001),これは森林全体の約2/3に相当する。しかしこの制度自体に問題があったことと,制度の不適切な運用により,軍・政府高官や森林局職員による賄賂や不正が横行して,違法伐採が急激に進行した(飯田・SOKH, 2001)。政府は,1996年に丸太および製材品の輸出禁止を実施したが(最終加工品は輸出可能),一方で違法伐採された丸太を合法的に販売・輸出出来る制度が新設されたため,違法伐採はなおも進行した。なお1997年〜1998年の違法伐採量は,伐採税に換算すると国家歳入額の2/3(2億1,500万米ドル)に相当すると見積もられている(飯田・SOKH, 2001)。その後政府は,不正の管理を強化し,2002年には,森林伐採権を停止して,全面的な伐採休止および木材搬出の禁止措置をとった。また2003年には森林法が制定され,森林伐採に関する厳しい規制と,そのための監視および管理体制を整えた(井田, 2004;志間, 2006)。

このように森林政策の欠陥と制度の不適切な運用が基となり,違法伐採を

含む企業的な商業伐採によって，急激な森林破壊が生じてきた。2003 年以降は，森林伐採権が停止しているので，木材生産量は公式にはゼロであるが，市場には多くの木材が出回っている。すなわちこれには，違法伐採による木材が多く含まれていると考えられる。違法伐採のおもな仕組みは，以前は製材業者による組織だった大規模な方法であったが，最近は住民が小規模な違法伐採をおこない，それを仲買人が買い付けるか，住民が自ら市場に運搬する方法であるという（志間，2006）（写真 6-2，6-3）。どちらの方法にし

写真 6-2　木材の運搬
出所：2016 年 3 月撮影。

写真 6-3　丸太の製材
出所：2016 年 3 月撮影。

ても，カンボジアの森林が 2003 年以降も縮小している実態を考えれば，商業的な違法伐採がその後も進行し続けていると考えられる。

4-2. 森林破壊と農地への転用

そもそもカンボジアの森林は，土地法において全て国有林とみなされており，その土地も国有である。そのため基本的には，個人・民間企業に譲渡・販売することが出来ない。森林における開発許可制度には，先述の森林伐採権のほかに，経済土地事業権（Economic Land Concession）という商品作目の開発のために，民間企業に最大 100km^2 の土地を貸与する制度がある。この制度によって，外国籍企業を含む民間企業は，カシューナッツ・天然ゴムなどの商品作物を栽培するプランテーション農業を大規模に実施している。すなわちこれは，森林から農地に転用することになるので，結局は大規模な森林破壊となる。

カンボジアの北西部に位置するシェムリアップ州において，森林から農地に変化した地点を現地で観察したところ，キャッサバ・カシューナッツ・マンゴー・コショウ・天然ゴムなどの商品作物が大規模に栽培されていた（写真 6-4，6-5）。大規模農地であったので，おそらく合法的な経済土地事業権による農地化と思われるが，広大な森林が破壊されたことには間違いない。なお経済土地事業権の契約には，その過程が不透明な場合も多いという指摘もあり（江原ほか，2015），農地への転用によって多くの森林が破壊されている。

また住民による，小規模な森林破壊と農地への転用も数多くあり，これのほとんどは違法伐採である。この現象は，土地の不法占拠にともなって発生する場合もある。カンボジアでは，土地所有権が十分に保証されておらず，また登記制度が未確立なため，森林の境界が区分・登記されていない場合が多い（飯田・SOKH，2001；志間，2006）。古くからカンボジアでは，土地の開墾者が実質的な土地所有権を持つという慣習があり，土地法では禁止されているものの，森林を伐採して農地にすると自分の土地になると考える農民が多いようである（志間，2006）。このような森林破壊は，とくに土地無し農民

写真 6-4　キャッサバ畑への転用地
出所：2016 年 3 月撮影。

写真 6-5　天然ゴム林への転用地
出所：2016 年 3 月撮影。

によって広がっており，その背景には人口増加がある（志間，2006）。カンボジアの森林は低標高帯においてとくに減少したが，その理由の一つは，土地無し農民が移住しやすかったためと推察されている（繁山ほか，2011）。以上のような農地への転用による森林の伐採には，合法的と違法的の両方があり，これは最近の急激な森林破壊に，最も大きく影響していると推察さ

れる。

4-3. 森林資源への影響

　森林資源には，熱帯林の中・高木類を伐採して建材や薪炭材として利用する木材林産物と，それ以外の非木材林産物がある。非木材林産物には，熱帯林を構成する低木・ツル植物・竹・草本類の他に，熱帯林に生息する動物類なども含まれる。これらは，建材・家具材・薪炭材・食料・薬などとして利用され，例えばタケノコ・果実・山菜・キノコ・ハチミツ・哺乳類・鳥類・昆虫・樹脂（樹液）などと多種多様である。

　カンボジアの森林は国有であるので，住民が中・高木類などを勝手に伐採して木材林産物を得ることは違法となるが，非木材林産物の採取・利用は基本的に認められている。そのため農村の約75％以上が採取しており（江原ほか, 2015），その加工・販売は，住民の貴重な収入源となっている。とくに薪炭材は，カンボジアにおける一般家庭の主要なエネルギー資源で（National Institute of Statistics, Cambodia, 2013），農村の90％以上が利用している主要な森林資源である（江原ほか, 2015）（写真6-6）。

　森林破壊は，木材林産物だけではなく非木材林産物も減少することになる

写真6-6　炭焼き窯と生産された木炭
出所：2016年3月撮影。

ので，それを利用していた住民に大きな影響を及ぼす。例えば，人口増加にともなう農地への転用などにより森林が縮小・劣化して，住民が薪炭材を以前よりも遠くの10km以上離れた森林で採取したり，購入を余儀なくされた（江原ほか，2015）。また非木材林産物の採取・販売を生業としていた住民は，とくにツル植物（籐）や，果実・樹脂（樹液）が得られる樹種が減少したことにより，業種を変化せざるを得なくなったという（江原ほか，2015）。また同じ森林であっても，商業的な天然ゴム林では，得られる薪炭材の量が少ないようである（写真6-5）。

4-4. 森林資源の保全

カンボジアでは，多くの森林破壊が進行しており，シェムリアップ州でも同様な傾向がみられる。しかしその中で，州中央北部のクーレン丘陵や，南部のトンレサップ湖岸低地などには，森林が残存している。これら地域は，自然保護地域（Natural protected areas）に指定されており，これは森林を含めた自然環境や人文・社会環境の保護を目的として，1993年以降にカンボジア政府によって指定されたものである。国内には複数地域が設定されているが，シェムリアップ州には，1993年に5地域が設定された。

そこで1989年～2015年における森林の残存面積を調べてみると，保護地域全域は，非保護地域全域よりもその割合が高かった。その中でも，クーレン丘陵地域およびトンレサップ地域では，森林の残存面積の割合が非常に高い傾向にあった。これら地域は，さらにクーレン丘陵が国立公園に，トンレサップ湖とその湖岸の一部がラムサール条約登録湿地に指定されている。そのためこの2地域は，他の地域に比べて規制が厳しく，また監視も厳しいため，森林が広く残っているものと考えられる。

さらにシェムリアップ州では，森林が拡大している地域がある。すなわちそれは，州中央部のアンコール遺跡が集中する地域である（写真6-7）。ここは自然保護地域に加えて，世界文化遺産にも登録されていることから，規制も非常に厳しく，また管理体制も他の地域と比べて非常に強化されている。

写真 6-7　森林が拡大しているアンコール遺跡地域
出所：2016 年 3 月撮影。

　以上のようにみてみると，カンボジアにおいて違法伐採が横行する理由は，管理・監視体制の不備にあると考えられる。そのため森林破壊を防止して森林を保全するための有効策は，森林制度の強化と，管理・監視体制を厳しくすることと言える。ただしそのためには，人材・機材・技術とともに多くの資金が必要である。

　一方カンボジアでは，1994 年にコミュニティ林業が導入されている。これは，地域住民参加型の林業活動のことで，森林の回復・保全および貧困削減を目的として，発展途上国などで導入されている。コミュニティ林業では，森林を保全しながら，住民同士でルールを決めて非木材林産物などを共有している。この制度にはまだ問題点や改善点が残されている（井田，2004；久保ほか，2010）ものの，住民自身に管理を任せることで，人材および資金などをあまり掛けずに違法伐採を減らすことが可能な，森林の持続的な保全方法と言えるであろう。

5. おわりに

　以上のようにカンボジアでは，おもに熱帯林から構成される森林資源を有

効に活用してきた。しかしながら近年は，人口増加や経済発展にともない，自然界の釣り合いを超える速さで森林の減少が進行しており，森林破壊によって森林資源が枯渇してきている。

　ところで森林破壊が進行すると，どのような現象が発生するのであろうか。熱帯林破壊における一般論としては，先述のような木材林産物・非木材林産物の減少の他に，伝統文化の崩壊・生物多様性の喪失・二酸化炭素吸収量の減少・気候変化・水資源の減少・土壌侵食・洪水および土砂災害の増加などがある。例えば熱帯林破壊によって地表面が露出してしまうと，地表面の保護作用が低下してしまうので，サバナ気候における雨季の集中豪雨（スコール）によって土壌侵食が起こりやすくなったり，洪水災害および土砂災害が発生しやすくなる。また土壌は，もともと養分に乏しい赤色土であることに加えて，乾季には地表面が硬化してしまうので，植物が新たに根を張ることが困難となる。そのため一度熱帯林が破壊されると，植生が回復しにくくなったり，耕作を放棄せざるを得なくなる。そして，また別の森林が破壊されていく。

　このようなことが近い将来起こらないためにも，森林破壊を防止し，森林資源の持続的利用を考えていく必要がある。そのためには，自然・人文・社会科学的な広い分野から，また時間的・空間的に広い視点から，森林破壊の実態とそのプロセスを総合的に明らかにしていくことが大切である。そしてそれは，カンボジアの持続的な発展に貢献するものと考えられる。外国産材を大量に輸入して，その森林資源の恩恵を受けている日本人においては，森林破壊は他人事の問題ではないのである。

参考文献
荒木　誠・伊藤江利子（2009）「カンボジア中央部の平坦な低地に成立する乾燥常緑林とその立地環境」『森林立地』51 (1)，1-11。
荒木　誠・玉井幸治・大貫靖浩・伊藤江利子（2011）「カンボジア中央部の低地乾燥常緑林の成立要因―土壌水分状態とそれを規定する立地環境条件―」『水利科学』321号，37-61。
荒木祐二（2007）「熱帯氾濫原における植生インベントリーと植物資源利用に関する研究―トンレサップ湖氾濫原を例として―」『技術マネジメント研究』6号，35-49。
飯田　繁・SOKH, H.（2001）「カンボジアにおける森林政策」『九州大学大学院農学研究院学芸雑誌』56 (1)，107-116。

井田篤雄（2004）「カンボジアにおけるコミュニティー・フォレストリーの取り組み状況」『熱帯林業』59，24-32．

江原　誠・百村帝彦・野村久子・松浦俊也（2015）「森林減少・劣化の影響を受けやすい住民の特徴の6村間比較―カンボジアでの薪炭材・非木材林産物採取の事例―」『林業経済研究』61(3)，24-34．

大平　亘（2006）「衛星を使った広域森林モニタリング」『熱帯林業』67，16-24．

門村　浩（1995）「熱帯雨林：その環境，利用と破壊の現状，保全と持続的利用のための戦略」田村俊和・島田周平・門村　浩・海津正倫編『湿潤熱帯環境』朝倉書店，76-87．

吉良竜夫（1983）『熱帯林の生態』人文書院．

久保咲希子・溝上展也・加治佐剛・吉田茂二郎（2010）「カンボジアにおけるコミュニティ林業の現状と課題」『九州森林研究』63号，159-161．

篠田雅人（1995）「湿潤熱帯環境の成り立ち」田村俊和・島田周平・門村　浩・海津正倫編『湿潤熱帯環境』朝倉書店，2-25．

志間俊弘（2006）「カンボジアの違法伐採と土地問題」『熱帯林業』65，17-24．

只木良也（1996）『森林環境科学』朝倉書店．

中園悦子・沢田治雄・遠藤貴宏・川崎昭如（2012）「MODISの森林減少情報を用いたカンボジア森林被覆図の更新」『生産研究』64(4)，581-584．

八木橋　勉（2009）「熱帯林」森林総合研究所編『森林大百科事典』朝倉書店，5-7．

National Institute of Statistics, Cambodia（2013）, *Cambodia inter-censal population survey*. National Institute of Statistics, Ministry of Planning, Cambodia.

Open Development Cambodia（ODC）　URL：https://opendevelopmentcambodia.net/　2019年4月28日検索．

第 7 章

社会保障

1. はじめに

　1970年代から続いたカンボジアの内戦に終わりを告げたのは，1991年「パリ和平協定（カンボジア紛争の包括的，政治的解決に関する協定1991年10月23日調印）」の締結によるものであった。その協定の「新たな憲法の諸原則」に掲げる人権や自由民主主義を根底に，1993年「カンボジア王国憲法（1993年9月21日）[1]」は制定に至った。国民の和解や平和とともに健やかな生活と安全を保障するカンボジアの社会保障の基盤ができたと言える。

　しかし，約40年が過ぎた現在でも歴史の傷は深く，社会保障を整備する財源や担う人材の不足など，いまだに回復するための時間を要している。そこで，本章では，カンボジアの社会保障を法制度とともに概観，そのうえで社会保障の枠組を確認し，さらに次世代の育成のための妊産婦，乳幼児に対する支援，特に農村地域での母子保健分野に焦点をあて，現状と課題について考えてみることにする。

2.「カンボジア王国憲法」と社会保障

　「カンボジア王国憲法」の社会保障に関連する条文と2002年「社会保障法」[2]の規定から，カンボジアがどのような社会保障を目指しているのかを確認してみよう。

　「カンボジア国王憲法」は新憲法として制定される以前に，「パリ和平協

2.「カンボジア王国憲法」と社会保障　133

定」で基本的内容が定まっていたことである。そこには,「カンボジアの近年の悲劇的な歴史にかんがみ,人権の保護を確保する」ことを基に,多くの具体的な自由・権利が列記され,各条項に具現化されているとしている(西, 2010)。

特に人権規定では,前文に人権保障を謳い,第3章「クメール人民の権利及び義務」で「カンボジア王国は,国際連合憲章,世界人権宣言,人権,女性及び児童の権利に関する規約や協定で規定している人権を認め,尊重する(第31条)」と述べられている(四本, 1997)。

そこで,社会保障に関連している条文(法務省「カンボジア王国憲法」)の例をあげると下記のようになる。

第32条
　すべてのクメール国民は,生存する権利,個人的自由及び安全の権利を有する。

第36条
　クメール市民は,性別を問わず,その能力及び社会の必要に応じて,職業を選択する権利を有する。クメール市民は,性別を問わず,同一の労働に対しては同一の報酬を受けとる。家庭における主婦による家事労働は,彼女らが報酬を得,家庭外で行う労働と同等の価値を有する。クメール市民は,法律が規定する社会保障及び社会福祉を給付される権利を有する。クメール市民は,性別を問わず,労働組合を結成し,その組合員となる権利を有する。労働組合の組織及び活動は,法律で定める。

第46条
　人身取引,売春及び女性の尊厳を傷つける猥褻行為による搾取は,禁止される。妊娠を理由とする女性の職場からの解雇は,禁止される。女性は,出産休暇前の職に復帰し,その他の社会的利益を損なうことなく,有給の出産休暇をとる権利を有する。国家及び社会は,適切な社会的援護を持たない女性,とくに農村地域の女性に対して,職業に就き,医療を受け,その子どもを就学させ適切な生活水準を維持するための保護を受ける機会を提供する。

第72条
　国民の健康は,保障される。国家は,疾病予防及び医療に最大限の考慮を払う。貧困な市民は,公立病院,診療所及び産院において無償で診療を受けるこ

とができる。国家は，農村地域において，診療所及び産院を設置する。
第73条
　国家は，子ども及び母親に対して最大限の考慮を払う。国家は，保育施設を設置し，適切な支援を受けられない女性及び子どもに対して援助を供与する。
第74条　国家は，傷痍軍人及び国のために命を犠牲にした軍人の遺族を援護する。
第75条　国家は，労働者及び勤労者のために，社会保障制度を確立する。

　このように「生存権，自由と安全の権利（第32条）」の人権規定があり，「職業選択の自由，家事労働の価値」と「社会保障・社会福祉の給付を受ける権利」（第36条）を権利として保障している。さらに「女性の尊厳の保護」「有給の出産休暇をとる権利」「農村地域女性の職業・保健医療・子ども養育の適切な生活水準を維持するための権利」（第46条）などジェンダーの視点や具体的な女性の保護と権利についても述べている。これらは，内戦等で夫を亡くした女性たちが自立して生活できるために，男性に従順な伝統的な女性観に対する見直しと男女平等の国際的な動向を反映したものと思われる。

　また，「国民の健康の保護」，「疾病予防・医療対策」，「貧困な市民への無償の診療」，「農村地域に診療所と産院の設置」（第72条）と「子どもと母親に対する最大限の配慮」，「保育施設の設置」，「適切な支援の無い女性と子どもに対する援助」（第73条），「傷痍軍人と軍人遺族への援助」（第74条）など健康に対する権利の促進と特に社会的擁護の必要な女性と子ども，傷病の軍人，遺族の援助も掲げられている。この憲法の特色の一つとして，この当時カンボジア発展の主要なこととしては経済的発展があったため労働者を厚く保護する「労働者のために社会保障制度の確立」（第75条）などがある。

3. カンボジアの社会保障

3-1. 2002年社会保障法

　カンボジアの社会保障は，カンボジア国王憲法の「労働者に対する社会保

障制度の確立（第75条）」の規定を受けて，2002年に労働者のため「社会保障法」が制定された。そのため，社会保障のうちでも労働者のための労働災害補償制度と年金制度が限定的であり，かつ労災と年金が1つの法律で定められていることが特色である（漆原，2005）。また，法制定後も実施するまでには財源，運営にともなう技術的困難などの課題を解決する必要があった。しかも，政府は経済開発に重点をおいていたため国民の社会保障制度の整備に予算を割くことには消極的であったという（上村，2007）。

しかし，社会保障制度の基本法が制定されて以降，段階的施行がみられている。労働政策研究・研修機構「基礎情報：カンボジア（2017）」によると，特に近年その運用を定めた「国家社会保障基金設置に関する政令16号（2007年）」により，年金，医療保険，労災保険の社会保険制度を整備する予定だが，現段階では労災保険だけが実施されている。また，日本貿易振興機構：JETROジェトロ（2018）による報告では，社会保障制度は国の主力産業である「繊維・被服産業」の全国雇用者団体「カンボジア縫製業協会（GMAC）」加盟の縫製・製靴工場の従業員に対して実施されているものの，全国に浸透するまでに至っていないとしている。しかし，2017年7月にフン・セン首相は，政府として国家社会保障政策の枠組みを2025年までの期間で既存の限定的な社会保障計画を拡大するとした。新たな制度では，医療保険，雇用障害保健，失業保険，障害保健，年金の5つをカバーするとしている（日本貿易振興機構JETRO，2018）。

3-2. カンボジア社会保障の枠組み

上記のように，社会保障に関連する法令の整備がすすめられている途上ではあるが，現在のカンボジアの社会保障の目標と実施状況から枠組みを確認してみよう。

3-2-1. 国家社会保障基金（National Social Security Fund：NSSF）

「社会保障法（2002）」により社会保険制度を運用する国家社会保険基金が設立され，加入者（労働者）と雇用者から保険掛金を徴収し，年金制度（老齢，身体障害，死亡）と職務上の傷害を補償し職業病手当を付与する労務災

害保険が制定されている。ただし，年金制度は主に公務員を軸としており，民間企業には労務災害保険のみが運用されている状況と報告している（松村, 2018）。2016年1月6日には，「労働者に対する健康管理に関する社会保障制度の制定に関する政令[3]」，3月17日「医療給付に関する省令」[4]，6月13日「医療制度のための拠出率および支払拠出の正式性の決定に関する省令」[5]と様々なPrakas（省令），Anu-Kret（政令）が発令され，また法改正が頻繁に行われるなど実質的な社会保障制度整備が過渡的な時期といえる。

3-2-2. 年金制度

カンボジアの年金制度は，1979年公務員年金制度より始まっている。そのため現在でも，公務員・軍人・警察官には，勤続20年以上で55歳から支給される年金制度がある。年金の種類としては，日本と同じ老齢年金，障害年金，遺族年金と3種類の年金制度がある。

老齢年金は，55歳以上で，過去20年間のうち10年間に60カ月以上年金保険料を納付した者に支給される。障害年金は，過去5年間のうち，直近12カ月間に6カ月以上の年金保険料を納付した者に支給される。遺族年金は，老齢年金または障害年金を受給していた者が死亡した場合，加入者であって年金保険料を180カ月以上支払っていた場合に，その遺族に支給される。

カンボジアの社会保障はカンボジアの経済状況の改善により，まだ実施されていない民間企業へも最近法令に基づき実質的整備に向けて動きだしている。

3-2-3. 労働災害保険

労働災害保険は，労働に起因する事故・病気を意味し，労働時間中だけでなく通勤時の事故や職業病も含む公的保険制度である。保険料は使用者が負担し，その額は平均月給の0.8％になっている。また，使用者は労働災害防止の義務や，安全配慮義務が課せられている。

主な補償内容は，業務上の病気に対して病院での治療費と病院に通う交通費の支払，事故によって5日以上の労働能力喪失が生じた場合の補償，労働者が死亡した場合の遺族年金の支給などがある（労働政策研究・研修機構，

2017)。

3-2-4. 医療保険制度

カンボジアでは，全国を対象にした包括的な医療保険制度の運用はこれからである。(松村, 2018)。保険適用の内容は「医療給付に関する省令（2016年3月17日労働省[6]）にて細かく規定されているが，保険加入者の健康に問題が生じ，外来もしくは入院する際，健康保険より当該診察費用等が賄われる。保険適用可能な病院は公的病院もしくはNSSF登録の病院・診療所である。

一方，公的な医療保険制度の整備が遅れているため，貧困層への医療は「公平な医療基金（HEF：Health Equity Fund）」や「地域医療保険制度（CBHI：Community Based Health Insurance）」が，NGOなどによって個別に運営されているのみである（国際協力機構JICA, 2012）。

また，HIV/AIDS，マラリア，結核，デング熱という感染症，地雷によって生じる死亡や障害は，カンボジアでは大きな問題となっている。農村部など国際NGOや海外のODAからの支援を得て治療が実施されている地域も多くある。

特に医療保障制度については，現状においても外部資金への依存度が高いことが問題となっている。医療サービスの質や量（医師数や医療施設の設備水準など）も長い内戦の影響も残っていて，医療専門職や医療施設の設備水準など医療資源の整備に時間を要している。

貧困層を対象とした医療保障制度は，「公平な医療基金（HEF：Health Equity Fund）」や「地域医療保険制度（CBHI：Community Based Health Insurance）」やNGOなどによって個別に運営されているのみとされる。特に医療保障制度については，現状においても外部資金への依存度が高いことが問題となっていると指摘している（労働政策研究・研修機構, 2017）。

3-2-5. 障がい者雇用対策

カンボジアでは戦争や地雷による負傷により障がい者の雇用の確保が課題と指摘されている。その対策のために障がい者の「権利擁護法（2009）」が制定され，障がい者の雇用と職業訓練を定め，「障がい者雇用率と雇用選抜

手続に関する政令（2010）」で障がい者雇用（全従業員の1％以上）の義務づけをおこなっている。この制度は日本から示唆を得て導入されたといわれ，労働職業訓練省の管轄下で，身体障がい者リハビリテーションや職業訓練の実施が報告されている（労働政策研究・研修機構, 2017）。

4．カンボジア人口統計と社会保障

4-1．カンボジアの人口統計

　社会保障の政策にその国の人口統計や人口問題が密接にかかわっている。そこで，カンボジアの人口統計（人口静態・人口動態）から社会保障の特色と課題を捉えてみたい。人口構成は，例えば生産年齢人口（15～64歳人口）は国の基盤であり，財源確保となる労働力を担う人口層である。高齢人口（65歳以上）は医療や介護の歳出費用を計る指標でもあり，年少人口（15歳未満）は将来の国を支え発展を推進する人口層と，社会保障との関連性が高い。日本でも少子高齢化という課題が，社会保障へ影響を及ぼすように，人口と社会保障の関係を総合的に見ていくことが不可欠となっている。

　カンボジアの総人口は1,625万人（2018年 IMF[7]），平均年齢：25.6歳，平均寿命：69.0歳（2016年）となっている。人口分布の割合は，年少人口31.6％，生産年齢人口64.5％，高齢人口4.0％（2016年）となる。

　カンボジア人口ピラミッド（2018年）の特徴として，次の3点があげられる。第1点は，40歳前半（40歳から44歳）の間に大きなクボミがあり，この年齢の人口減が著しいことが読み取れる。これは1975年から1978年のポル・ポト政権下での「カンボジア大虐殺」の時期と重なり，犠牲者が150～200万人ともいわれる影響を反映している。

　第2点は，年少人口での10歳代（10－14歳と15－19歳）の人口減少傾向もみられることである。これは，40歳前後の人口層が出産年齢に達した時期と重なり，出生数の減少による人口減の現象と推測される。

　第3点は，45歳以降の年齢人口層は男女共にへこんでおり，人口のピラミッド構造が歪な形様となっている。これは，1970年代から隣国のベトナ

図 7-1 カンボジアと日本の人口ピラミッド「世界の人口ピラミッド（1950～2100 年）」

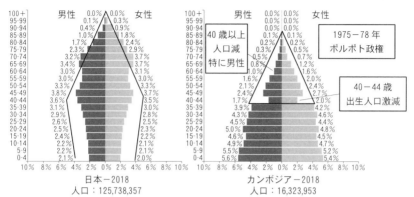

出所：https://www.populationpyramid.net/ja/2018/（20190508）を基に筆者改変。

ム戦争がカンボジア領内にまで拡大し，1991 年パリ和平協定までの 20 年以上にわたって，カンボジアが戦乱に巻き込まれたことによる。

その結果，平均年齢は 24.5 歳で若年層の比率が高く，14 歳以下が人口の 3 割以上を占めているという人口構成を表している。このように，現在においても大虐殺は「心の傷」としてだけでなく，カンボジアの人口構成や経済発展を推進するための基盤となる人材育成に影響を及ぼしている。

一方，釣鐘型人口ピラミッドと言われる日本の平均年齢 46.7 歳，年少人口の 12.2％とは大きく異なっている。

4-2．カンボジアの高齢人口と社会保障

高齢化率 4.1％と低いカンボジアでは，街中で高齢者を見かけるのは少ない。また，働く人を対象とした社会保障に重点を置き国の再建をはかる現段階では，高齢者に対する支援や社会福祉は制度としての整備は進んでいないといえる。しかし，高齢者の福祉問題として都市部での経済発展から取り残される貧富の差や農村部との地域差のなかで厳しい生活を余儀なくされている高齢者の存在が指摘されている（赤塚，2017）。

高齢者の社会福祉制度が未整備のなかで，シェリムアップの寺院区域で女

140　第7章　社会保障

写真7-1　カンボジア　寺院区域での伝統的衣装の高齢の女性と子ども
出所：筆者撮影。

性の高齢者（内戦で男性の高齢者はより人口減）が寺院等での奉仕活動をしている姿を見かける機会があった。寺院や仏像の清掃などの宗教活動を通じて交流があり，その活動をする寺院周辺が高齢者や子どもの世代を超えた居場所となり相互扶助や生きがいになっているとのことである。また，高齢者は寺院では正装を表すとされる伝統的なクローマーを頭部に巻いたり，胸に掛けていた。

　日本の介護保険制度のように高齢者への社会保障としての介護サービスはない。高齢化率が低く，また高齢者の介護に対する意識も家族や縁者，仏教実践として担うという考えを持つ割合が高いということもあるのではないか。

5. カンボジアの母子保健

　ここではカンボジアの社会保障について母子保健の分野に焦点をあてていくことにする。カンボジア王国憲法でも「農村地域女性の職業・保健医療・子ども養育の適切な生活水準を維持するための権利」（第46条）や「国民の健康の保護」，「疾病予防・医療対策」，「貧困な市民への無償の診療」，「農村地域に診療所と産院の設置」（第72条）と「子どもと母親に対する最大限の

配慮」,「適切な支援の無い女性と子どもに対する援助」(第73条) と多く挙げられている。カンボジアの人口ピラミッドからも明らかなように，子どもの人口 (15歳未満年少人口) が3割を超えている。それらの次世代を健康に産み育てる母子保健は発展途上国には大きな課題であり，助産や医療制度だけでなく公衆衛生や健康教育など安全な生活を支える広い意味での社会保障の充実が求められる分野である。

そこでカンボジアの母子保健の状況と農村部でのフィールド調査を参考にカンボジアの社会保障について見てみることにする。

5-1. カンボジアの母子保健の状況（統計・指標）

その国の健康や医療の水準を知る指標として平均寿命や乳幼児死亡率，妊産婦死亡率があり，母子保健に係る指標は公衆衛生，保健医療，健康教育などの実態と社会保障の課題を示すものでもある。

ユニセフ基幹報告書「世界子供白書2017」の統計によると,「5歳以下の乳幼児死亡率（1,000人あたり）」は，カンボジアでは1990年116人，2016年には31人と改善している。一方，日本では6人から3人に減少している。「妊産婦死亡率（10万人あたり）[8]」は，カンボジア161人に対して，日本は5人である。1990年からカンボジアの母子保健の指標は著しく改善しているが，まだ途上国として低迷している状況である（表7-1）。

アジアの母子保健指標のなかでもカンボジアの農村部やラオス国境地域などが低迷し，包括的継続ケア（母子保健継続ケアとマラリア・感染症対策との融合）を実現することがのぞまれている。妊産婦死亡は，その大半が出産前後の合併症によるものであり，地域で助産技術を持った医療専門職による安全な分娩介助が重要な対策の一つとなる。カンボジアでは出生数の増加にもかかわらず助産師等の専門職が不足している。特にフィールド調査対象である地方部の農村地域では助産師不足の深刻化が指摘されている。そのためカンボジア保健省は，全国の保健医療病院や保健センターへの助産師定配置をめざすために育成教育に力を入れていると報告されている（国際協力機構, 2010）。

表7-1 カンボジアと日本の母子保健指標[9]

		カンボジア	日本
5歳未満児死亡率	1990	116	6
(出生1,000人あたりの死亡数)	2016	31	3
乳児死亡率	1990	85	5
(1歳未満:出生1,000人あたり死亡数)	2016	26	2
新生児死亡率	2016	16	1
出生時の平均余命	2016	69	84
妊産婦死亡率	1998	470	8
(年間人数:出生10万人あたりの死亡)	2015	161	5

出所:ユニセフ基幹報告書「世界子供白書2017」表1:基本統計 表7:女性指標より筆者作成。https://www.unicef.or.jp/sowc/data.html

　さらに発展途上国も含め健康と福祉の推進は,「持続可能な開発のための2030アジェンダ(SDGs)で17のグローバル目標の「すべての人に健康と福祉を」として掲げられている。そのためには,SDGsの複数にわたる目標を並行して達成する包括的なアプローチが望まれている。国連によると,発展途上国では乳幼児死亡率の削減,妊産婦の健康の改善,HIV/エイズ,マラリア及びその他の疾病対策は予防可能な分野として強化する目標になっている。一方,現状は「5歳の誕生日を迎えられずに命を落とす子ども」は約600万人を超えているとされる(2012 国連)。

　これらの乳幼児の死亡は,予防と治療,衛生健康教育,予防接種を推進することで救うことができるものである。それとともに妊娠と出産という周産期に発生する合併症等は衛生環境の向上,栄養状態の改善,健康教育の普及で死亡する女性を救うことが可能である。そのため特に開発途上地域の農村部において「プロダクティブ・ヘルス(性と生殖に関する健康)」の向上を掲げ,助産師等の保健医療専門職によるケアやサービス体制づくり,母子手帳の普及が国際的な母子保健プロジェクト(JICA,ユニセフ,NGOなどの協力体制)として実施されている[10](国際協力機構,2010)。

5-2. カンボジアの農村部の母子保健(フィールド調査研究より)

調査は,日本大学文理学部地理学科,社会学科,総合文化等のカンボジア調査研究で長年アンコールワット遺跡群での地理学的調査や周辺農村部での民俗調査,経済調査を行っている。その農村地域をフィールドとして母子保健の実態調査,① 妊産婦への健診や出産,育児に関するヒヤリング,② 母子保健センターのスタッフへ地域における出産前後ケアの聞き取りを行った。

5-2-1. 妊産婦への健診や出産,育児に関するヒヤリング

農村地域の母子保健の現状と母子保健指標の改善しつつある要因を探る目的のため妊産婦に聞き取り調査を行った。

調査対象:カンボジア北西部にあるシェムリアップ州の都市シェムリアップ(Siem Reap)。市街地から北東部40km(車で2時間ほど)のクーレン山(標高は487m:プノン・クーレン Phnom Kulen 国立公園)のモリャッカット(Moriakkat)村である。熱帯地域特有の密林に覆われた山岳地帯の山上,平坦地に点在する集落のひとつである。伝統的な高床式家屋に居住し,焼畑で開墾した土地をカシューナッツや果樹の栽培等をする農村である。

A 産婦さん(27歳)。乳児(出生3カ月)

B 妊婦さん(25歳)。妊婦(妊娠6カ月,23週)。子(6歳)

調査日時:2017年12月24日

調査結果:出生3カ月乳児のA産婦さん(27歳)

初めての妊娠・出産,現在乳児(生後3カ月)の育児をしている産婦さんに産前産後のケア体制と母子健康手帳,ヘルスセンターについて聞き取りをおこなった。村内に医療施設がなく,山の麓10kmほどのトゥバイン地区にあるヘルスセンターで,妊娠中の定期的な健診を行い,出産もヘルスセンターだったとのことである。現在は日常的な育児は産婦さんが行っている。実母と同居しているので初産であるけれど安心して育児ができるとのことである。出産後も新生児(1カ月)健診でヘルスセンターに行ったとのことで

写真7-2　ハンモックに寝ている乳児
（出生3カ月）

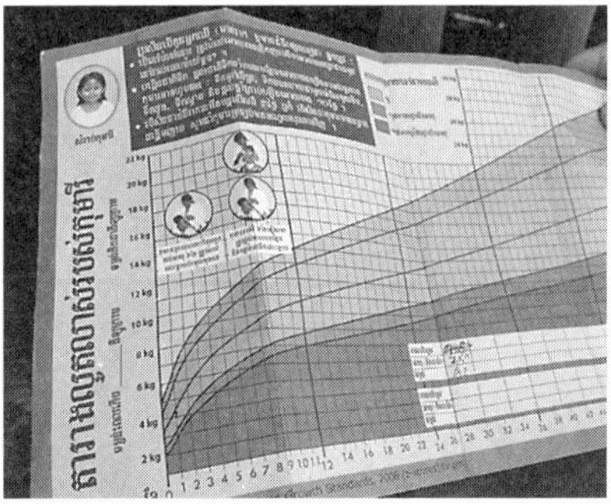

写真7-3　乳児の発育グラフ
（乳児身体成長曲線）

出所：筆者撮影。

ある。乳児は伝統的な高床式の木造住宅の室内にハンモックで寝ていた。

　2018年時点でカンボジアでは日本版母子健康手帳を参考にしたカンボジア版がユニセフ等の支援組織によりすべての妊産婦に配布されている。A産婦さんの母子健康手帳（クメール語で表示）と乳児の身長・体重の増加を記す「成長曲線グラフ」に1カ月健診の状況が記載されていた。今後も3カ月、6カ月など麓のヘルスセンターで発育と育児相談に行くことになっている。これらの出産と健診・相談の費用について尋ねると、すべて無料で交通費も支給があるとのことである。また、それらの資金はアンコールワット遺跡を観光する入園料の一部が使われているという[11]。

調査結果：B第3子妊娠6カ月の妊婦さん（25歳）

　村の住民や子どもが集まっている開けた場所（広場）でB妊婦さんに出会う。ヒヤリング調査を依頼し、同意を頂くことができたので、妊娠初期（診断）や妊娠中の健診など母子保健の実際について聞き取りを行った。広場に面している高床式の家に住んでいる。

　妊娠ではないかと気付き（3人目のため）、夫に麓のヘルスセンターに連れて行ってもらった。ヘルスセンターで妊娠を確認してもらい、その時に母子手帳をもらった。いろいろ指導を受け、2〜3カ月に1回ヘルスセンター

5. カンボジアの母子保健　145

写真 7-4　新旧母子健康手帳と妊婦さん

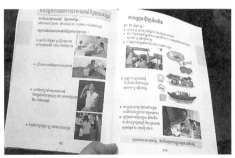
写真 7-5　絵や写真を多く記載している新母子健康手帳

出所：筆者撮影。

で健診を受けて相談をすることになっていると話す。

　母子健康手帳を見せてもらったところ，出産予定日 2018 年 4 月 22 日で現在（12 月 24 日）妊娠 6 カ月（23 週）と記載されていた。他のページは感染症等予防の保健衛生，妊娠中の注意や乳児の発達と母乳，離乳食等の栄養など様々な母子保健指導を写真や絵を多く記載して説明されていた（写真や絵で記載されていることで推測することができた）。そのなかに伝統的な産婆（TBA：Traditional Birth Attendant）のことも記載されていた。

　妊婦さんは第 3 子を妊娠中であり，第 1 子（9 歳）・第 2 子（6 歳）の妊娠中，出産，育児についても話を聞くことができた。第 1 子（9 歳）のころは母子健康手帳はなかったが，ヘルスセンターでの健診や分娩であった。第 2 子（6 歳）の時は母子健康手帳はあったものの，数ページの印刷ペーパーで，現在の母子健康手帳のように絵や写真はなく，すべてクメール文字で記載されていた[12]。

　「世界子供白書 2017」によると，2016 年の識字率（15 歳から 24 歳）は，男子 88％，女子 86％となっている。2008 年の調査では，全国の識字率は約 78％となるが，都市部の約 90％に対して農村地域では約 75％となっている。これらの実態に応じてより広く妊産婦への知識の普及をするため画像を用いたと考える。カンボジアの識字率が低い要因として，1970 年代後半のポル・ポト政権時代，学識者や教育者が数多く虐殺され，国民の教育機会が奪われたことが大きく影響しているとされる。

5-2-2. 地域の母子保健を担うヘルスセンターの視察・ヒヤリング

農村地域の母子保健を担うヘルスセンターの役割と実態を調べるため，施設の視察とスタッフ（助産師等）から聞き取り調査を行う。

調査対象：シュムリアップ市街地から北部に約 10km にあるノコールトム・ヘルスセンター（Nokorthom Health Center）の視察を行った。このヘルスセンターが担当しているノコール・トム地区には，ロハール村，北スラスラン村，南スラスラン村，クロワン村，アラ・スワイ村，アンジャイ村の 6 か村がある。そのなかのロハール村は，日本大学文理学部カンボジア調査研究班のフィールドとなっている経緯もあり調査を実施することとなった。

ヘルスセンターの助産師さん，職員
調査日時：2017 年 12 月 27 日
調査結果

現在ヘルスセンターでは，母子保健の機能が中心であり妊娠の健診・相談，分娩施設の機能を持つ。また，産後ケアと発育，育児相談などでは母子健康手帳を活用していた。視察時も担当農村地区の妊産婦 3 人に対し相談・指導をセンターテラスのテーブルを囲み行っていた。

ヘルスセンターの施設は，各部屋に分かれ「Consultation（相談）」と表

写真 7-6　ノコールトム・ヘルスセンター
(Nokorthom Health Center)

出所：筆者撮影。

写真 7-7　「Sante de mere-enfant 母子保健」と書かれた部屋

示している部屋は主に育児相談を実施しているいる部屋で子どもの体重を測るかごや離乳食のポスターなどが掲載されていた。「Sante de mere-enfant（母子保健）」の部屋は，乳児ベッドや栄養の指導のポスターがあった。また，「Apres Accouchement（産後ケア）」は，ゆったりしたベッドが置かれていた。分娩室もあったが衛生のため施錠されていた。

センターテラスの壁面には，担当地域の手書きの地図，ホワイトボードには地域の人口とともに，1歳未満のこども（CH<1Y）2.58％，5歳未満の子ども（CH<5Y）11.8％，15～44歳女子（W.15-44Y）25.38％，女性婚姻率（W.marie）14％，妊産婦（P.W）3.2％などの情報が掲示されている。

スタッフからの説明によると，センターはスイスの宗教家の寄付によってつくられたということである。そのため，各部屋の名称等はフランス語になっていた。運営費用も寄付等の支援が財源だということである。そのため特に低所得の農村地域の妊産婦の分娩を対象に支援していると説明があった。分娩は月8人程とのことである。

また，周産期を含め緊急処置が必要な時のために救急車（三輪トラック）が配備されていたが，故障をしているが修理代が工面できない状況だと話していた。ヘルスセンターで分娩や処置等では対応できないときに地域のこども病院（Kantha Bopha Children's Hospitals, Angkor Hospital for chidren）や州立病院（Siem Reap Provincial Referral Hospital）へ搬送するための救急車で，これらの病院とは連携体制ががでいると説明をする。現在推進されている保健医療制度では，施設の機能分化と連携体制が明確にされてきているとのことであった。

ヘルスセンターから現在妊産婦さんに配布している「母子健康手帳」，「乳児身体成長曲線」を資料として入手することができた。日本でも戦後乳幼児死亡率の低下は，乳幼児健診，予防接種の状況を母子健康手帳で継続的に把握，それに応じた保健指導など母子保健の充実によるところが多い。

6. カンボジアの社会保障と母子保健（まとめ）

　カンボジアの社会保障の基盤となる「カンボジア王国憲法」の前文には，これまでの歴史を踏まえクメール文明と民主主義，人権保障，ジェンダーの視点が記されている。しかし，数十年間にわたる内戦，虐殺による破壊は，現在も憲法で示す，人々が健康で安心して生活する社会保障制度や運用システムには辿りついてはいない。

　2017年の時点で社会保障の法整備は進み，都市部での経済発展がみられるとしても，農村部を含むカンボジア全土にわたり，内戦による財政的課題，生活環境・公衆衛生，保健医療・福祉関連専門職の人材不足などで社会保障の普遍化までには進展しているとはいえない。

　しかし，次世代の育成のための母子保健分野では，経済的基盤のない農村部のすべての妊産婦，乳幼児への母子保健センターや母子健康手帳による健康管理，健康教育，出産の安全などの保障が包括継続的ケアとして推進されてきている実態と母子保健指標の改善をみることができた。これからの多くがまだ海外支援によるところもあるが，カンボジアのケイパビリティ（潜在能力）と内発的発展を願い，今後もカンボジアへの関心を持ち続けていきたい。そこには，日本の社会保障を振り返り，これからを見据える示唆が多くあると考えるからである。

注
1) The Constitution of the Kingdom of Cambodia.
2) Royal Kram NS/RKM/0902/018 on social security schemes for persons defined by the provisions of the Labour Law, 2002-09-25.
　労働法の規定により定められた者の社会保障制度に関する法律（2002年9月25日）。
3) Anu-Kret concerning the Establishment of Social Security Scheme on Health Care for Persons Defined by the Provisions of the Labour Law (ILO NATLEX Database).
4) Prakas on Health Care Benefits (ILO NATLEX Database).
5) Prakas on Determination of Contribution Rate and Formality of Paying Contributions for the Health Care Scheme (ILO NATLEX Database).
6) 2016-03-17 Prakas on Health Care Benefits. (ILO NATLEX Database).
7) 2018年 IMF "World Economic Outlook Database", Bloomberg より，みずほ総合研究所作成，

みずほ総合研究所（2019）カンボジア投資環境。

8） $妊産婦死亡率 = \dfrac{年間の妊産婦死亡数 \times 100{,}000}{年間出産数（出生数＋死産数）（又は年間出生数）}$

妊娠中又は妊娠終了後満42日未満の女性の死亡で，妊娠の期間及び部位には関係しないが，妊娠もしくはその管理に関連した又はそれらによって悪化した全ての原因によるものをいう。厚生統計に用いる主な比率及び用語の解説（厚生労働省）

9） 5歳未満児死亡率─出生時から満5歳に達する日までに死亡する確率。出生1,000人あたりの死亡数で表す。乳児死亡率─出生時から満1歳に達する日までに死亡する確率。出生1,000人あたりの死亡数で表す。新生児死亡率─出生時から生後28日以内に死亡する確率。出生1,000人あたりの死亡数で表す。出生時の平均余命─新生児が，その出生時の人口集団の標準的な死亡の危険のもとで生きられる年数。妊産婦死亡率─出生10万人あたり，妊娠関連の原因で死亡する女性の年間人数。ユニセフ UNICEF（2017）基幹報告書「世界子供白書2017」表1：基本統計，表7：女性指標。

10）母子手帳の有効性と評価により，2018年国際保健機構は「母体，新生児および小児の健康に関する在宅記録に関する勧告」（WHO recommendations on home-based records for maternal, newborn and child health）を発した。

11）入園料 US＄62.00の内2＄は"Children's Hospital's Fund"に寄付される。Including 2 dollar Contribution to the Kantha Bopha Children's Hospital's Fund.（2017年12月時点）

12）後日，新旧の母子健康手帳については，ノコールトム・ヘルスセンター視察時に資料として入手することができた。

参考文献

赤塚俊治（2017）「カンボジアにおける高齢者福祉に関する研究─都市部と農村部でのアンケート調査からの考察─」『東北福祉大学研究紀要』第41巻，17-34。

上村泰裕（2007）「アジア発展途上国の社会保障：カンボジアとネパール」『社会政策学会誌』18巻，150-153，第7分科会（座長報告，Ⅱテーマ別分科会＝報告論文と座長報告）。

漆原克文（2005）「ラオス，カンボジアの社会保障制度」『海外社会保障研究』Spring2005，No.150. 87-101，p.98，Ⅲカンボジアの社会保障制度，2公務員社会保障制度。

落合康浩（2019）「カンボジア王国シェムリアップ州の観光地化と農村の変容」『日本大学文理学部自然科学研究所研究紀要 No.54，1-13。

木村光豪（2014）「カンボジア王国憲法の人権規定：起草過程に影響を与えた諸要因と規定の特徴」『關西大學法學論集』63(6)，1889-1938。

厚生労働省：厚生統計に用いる主な比率及び用語の解説。https://www.mhlw.go.jp/toukei/kaisetu/index-hw.html#ninsanpu（20190409）

国際協力機構 JICA（2012）「アジア地域社会保障セクター基礎情報収集・確認調査報告書，要約編」平成24年7月。

佐藤奈穂（2017）「カンボジア農村に暮らすメマーイ（寡婦たち）─貧困に陥らない社会の仕組み」『地域研究叢書31』京都大学学術出版会。

総務省統計局（2019）「人口推計─2019年（平成31年）4月報─」。

独立行政法人国際協力機構人間開発部（2010）「カンボジア王国助産能力強化を通じた母子保健改善プロジェクト詳細計画策定調査・実施協議報告書」平成22年10月。

独立行政法人日本貿易振興機構 JETRO（2017）『カンボジア労務マニュアル』第4改訂版。

西修（2010）「世界の憲法制度概要（2）」『駒澤法学』9-3（35），駒澤大学法学部，247-274，22-23。

西文彦（2006）「カンボジアの人口ピラミッド」『ESTRELA』平成18年9月号，（財）統計情報研究開発センター。

日本貿易振興機構：JETRO ジェトロ（2018）「ヘルスケア・ビジネスの ASEAN 展開（2018年3月）～健康・老後に係る制度，ミレニアル世代の意識を理解し，戦略構築を～」2018年3月31日。

松村侑弥（2018）カンボジアの社会保険制度。SMBC・カンボジアレポート～法務編，カンボジア労働法日本語訳 JETRO ウェブサイト JBL Co., Ltd. 翻訳（http://www.jetro.go.jp/world/asia/kh/law/（20190510）

三沢あき子（2013）「母子保健の現状と課題〈特集「地域保健の現状と課題」〉『京都府立医科大学雑誌』122（10），687-695。

みずほ総合研究所（2019）「カンボジア投資環境」2019年4月，みずほ銀行。

山本質素（2016）「カンボジア農村の生活と社会―ロハール村―」『幸福の決定要因に関する学際的実証研究―カンボジアと日本の比較研究の試み―』平成26・27年度人文科学研究所総合研究報告書。

ユニセフ Unicef（2017）基幹報告書「世界子供白書 2017」表 1：基本統計，表 7：女性指標。

四本健二（1997）「第7章カンボジアの憲法制度」作本直行編『アジア諸国の憲法制度』ジェトロ・アジア経済研究所，230。

労働政策研究・研修機構（2017）「国別基礎情報：カンボジア」。https://www.jil.go.jp/foreign/basic_information/cambodia/2017/cambodia_20171016.pdf（20190508）

Population Pyramid.net 世界の人口ピラミッド（1950～2100年）カンボジア 2018。https://www.populationpyramid.net/ja/%E3%82%AB%E3%83%B3%E3%83%9C%E3%82%B8%E3%82%A2/2018/（20190510）

PopulationPyramid.net 世界の人口ピラミッド（1950～2100年）日本 2018。https://www.populationpyramid.net/ja/%E6%97%A5%E6%9C%AC/2018/（20190510）

151

第 8 章

医療と衛生環境の現状

1. はじめに

　カンボジア国民の平均寿命は，2016年時点で，男性67.3歳，女性71.2歳，全体で69.4歳であった。2000年時点では，男性55.3歳，女性59.9歳，全体で57.7歳であり，16年の間に10歳以上も平均寿命が延びていることがわかる。当然，平均寿命の延長に伴い人口は増加し，2000年では約1,200万人であった人口が，2016年には約1,600万人に増加，2040年には2,000万人に到達すると予測されている。年齢別の人口構成を見てみると（図8-1），2016年は65歳以上の割合は4.3％であるが，2020年以降に急速に上昇し，2050年には12.8％まで上昇すると予測されている。World Health Organization（WHO）は，65歳以上の人口の割合が7％を超えると「高齢化社会」，14％を超えると「高齢社会」，21％を超えると「超高齢社会」と定義している。

図8-1　カンボジアの年齢別人口構成

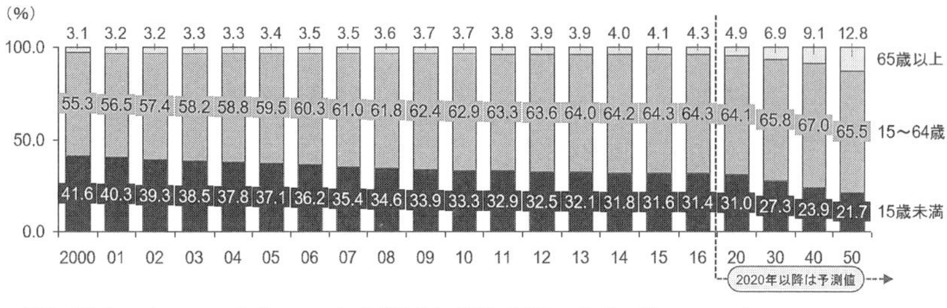

年	15歳未満	15～64歳	65歳以上
2000	41.6	55.3	3.1
01	40.3	56.5	3.2
02	39.3	57.4	3.2
03	38.5	58.2	3.3
04	37.8	58.8	3.3
05	37.1	59.5	3.4
06	36.2	60.3	3.5
07	35.4	61.0	3.6
08	34.6	61.8	3.7
09	33.9	62.4	3.7
10	33.3	62.9	3.8
11	32.9	63.3	3.9
12	32.5	63.6	3.9
13	32.1	64.0	3.9
14	31.8	64.2	4.0
15	31.6	64.3	4.1
16	31.4	64.3	4.3
20	31.0	64.1	4.9
30	27.3	65.8	6.9
40	23.9	67.0	9.1
50	21.7	65.5	12.8

2020年以降は予測値

「World Development Indicators」，国際連合「World Population Prospects」
出所：経済産業省（2018）「医療国際展開カントリーレポート―新興国等のヘルスケア市場環境に関する基本情報・カンボジア編―」より引用。

故に，カンボジアは数十年後に，「高齢社会」に突入すると考えられる。

　平均寿命の延長や人口増加の背景には，経済の発展，貧困率の低下，医療の充実，衛生環境の向上など，様々な要因が考えられる。今後，「高齢社会」を迎えるカンボジアでは，さらなる医療の充実や衛生環境の向上が必要となる。本章では，カンボジアの医療や衛生環境に着目し，カンボジアの現状を概観する。

2．疾病構造の変化

2-1．死因の推移（1990－2017年）

　カンボジアの平均寿命が延長し，人口が増加するとともに，疾病構造が変化してきた。図8-2及び図8-3には1990年の死因と2017年の死因を示した。1990年には，死因の第1位は呼吸器感染・結核（インフルエンザや肺炎を含む），第2位は循環器疾患（冠動脈性心疾患や脳卒中），第3位は出産や栄養失調に関わる母体・新生児の死亡が挙げられる。第3位以降は，その他の感染症，災害など不慮の事故，腸管感染症（下痢）が続く。一方，2017年は，第1位は循環器疾患，第2位は呼吸器感染・結核，第3位はガンと

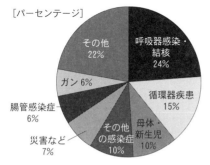

図8-2　カンボジアの疾病構造（1990年）

出所：Institute for Health Metrics and Evaluation（2017）Global Burden of Disease Compare（1990-2017）: Cambodia.をもとに作成。

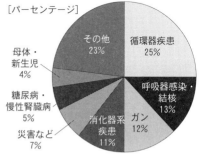

図8-3　カンボジアの疾病構造（2017年）

出所：Institute for Health Metrics and Evaluation（2017）Global Burden of Disease Compare（1990-2017）: Cambodia.をもとに作成。

なっており，ガンは1990年では第7位であったものが，2017年には第3位まで上昇している。第3位以降は，消化器系疾患，災害など不慮の事故，糖尿病・慢性腎臓病が続く。1990年では感染症によって死亡する割合が高いが，2017年には非感染症で死亡する割合が高くなっていることがわかる。

WHOは，国の所得レベル別に死亡原因を公表している。所得レベルは世界銀行により定義されており，1人あたりの国民総所得（Gross National Income, GNI）が995ドル以下は「低所得国」，996－3,895ドルは「中低所得国」，3,896－1万2,055ドルは中高所得国，1万2,056ドル以上は高所得国に分類される（2017年時点）。WHO（2018）が公表している2016年の所得レベル別の死亡原因調査では，低所得及び中所得の国は，3位までに下気道感染症が入っているが，中高所得及び高所得国では上位に位置しないことがわかる（表8-1）。したがって，所得が上がれば上がるほど，死亡原因は感染症から非感染症に推移していくと考えられる。実際に，世界銀行は2016

表8-1 所得別死亡原因（2016）

順位	低所得	中低所得	中高所得	高所得
1	下気道感染	虚血性心疾患	虚血性心疾患	虚血性心疾患
2	下痢性疾患	脳卒中	脳卒中	脳卒中
3	虚血性心疾患	下気道感染症	慢性閉塞性肺疾患	アルツハイマーその他認知症
4	HIV・エイズ	慢性閉塞性肺疾患	気管・気管支・肺がん	気管・気管支・肺がん
5	脳卒中	結核	アルツハイマーその他認知症	慢性閉塞性肺疾患
6	マラリア	下痢性疾患	下気道感染症	下気道感染症
7	結核	糖尿病	糖尿病	大腸・直腸がん
8	早産合併症	早産合併症	道路交通傷害	糖尿病
9	新生児仮死及び出生時損傷	肝硬変	肝臓がん	腎臓病
10	道路交通傷害	道路交通障害	胃がん	乳がん

注：世界の所得別死亡原因を示している。1人あたりの国民総所得（Gross National Income, GNI）が995ドル以下は「低所得国」，996－3,895ドルは「中低所得国」，3,896－12,055ドルは中高所得国，12,056ドル以上は高所得国に分類される（2017年時点）。
出所：公益社団法人日本WHO協会（2018）WHOファクトシート：死亡原因トップ10をもとに作成。

表8-2 カンボジアにおける死因の詳細（2016）

順位	死因	死亡者数（人）	割合（%）
1	冠動脈性心疾患	12,510	14.84
2	脳卒中	10,318	12.24
3	結核	8,000	9.49
4	インフルエンザ・肺炎	6,131	7.27
5	交通事故	2,961	3.51
6	肺疾患	2,837	3.36
7	腎疾患	2,431	2.88
8	肝臓がん	2,314	2.74
9	糖尿病	2,166	2.57
10	喘息	2,093	2.48

注：死亡者の総数は記載無し。
出所：World Life Expectancy HP（https://www.worldlifeexpectancy.com/country-health-profile/cambodia）をもとに作成。

年にカンボジアを低所得国から中低所得国に格上げしており，疾病構造と経済は密接に関係していることがわかる。しかし，カンボジアの2016年の死因の詳細を見てみると，結核が未だに高い割合を占めている（表8-2）。World Life Expectancy（2016）によれば，人口10万人に対して77.98人の割合で結核による死者が出ており，世界でも17位に位置するほど，結核が蔓延している国である。経済の発展に伴い疾病構造は変化していくが，一方で，カンボジア特有の問題も存在している。

次項では，感染症と非感染症による死因それぞれについて，カンボジア特有の問題について述べる。

2-2. 感染症

上述した通り，カンボジアは世界でも未だに結核が蔓延している国であり，WHOが毎年公表するGLOBAL TUBERCULOSIS REPORT（2018）においても，結核高負担国である30カ国に含まれている。死因が感染症から非感染症へと推移していく中で，結核への対策が引き続き課題になると考えられる。

結核とは，結核菌（Mycobacterium Tuberculosis）に感染して発症する疾患で，感染の約85％は肺結核，残りの15％はリンパ節など肺以外への感染であり，肺外結核と呼ばれる（村川，2010）。結核による病気の多くは肺結核であり，結核というと肺結核を指すことが多い。結核菌は感染者の咳やくしゃみによって空気中に排出され，排出された飛沫を吸い込むことで起こる空気感染（飛沫感染）が主である。肺結核の症状として，咳，痰，発熱，全身倦怠感が2週間以上も続き，進行すると体重減少，血痰，喀血，呼吸困難がみられる。しかし，これらの症状は感染者に必ず生じるわけではなく，感染者の約10％に発病すると言われている（一般社団法人日本呼吸器学会，2017）。結核菌は通常，肺胞に存在するマクロファージという免疫細胞の細胞内で殺菌されるが，一部はマクロファージの細胞内に存在し続ける。多くはこのまま発病しないが，免疫力の低下に伴い結核菌の活性が高まると発病し，他者へと感染が広がる。このように結核菌は，症状が無くても潜在的に人の体内に存在することがあるため，完全に撲滅することが難しい細菌である。日本では，2015年時点で約7,000人に1人の割合で感染者が存在しており，先進国の中でも高水準であることから，「結核中進国」に位置づけられている。

　世界に目を向けると，2017年の世界の全結核有病者数のうち，結核高負担国である30カ国の有病者数は約87％にのぼり，その多くがアフリカやアジアの国々の人々である（WHO, 2018）。このうちカンボジアは0.05％と少数であるように見えるが，人口10万人に対する有病率は326人であり，全体で12位という結果であった。人口が少ないため絶対数は多くはないが，国の規模に対する患者数は多いため，高負担国に位置づけられている。カンボジアにおける結核の蔓延は，ポルポト時代（1975～1979年）の大量虐殺によって多くの知識人が失われ，それ以降の10年以上にわたる内戦や社会混乱が原因のひとつとされる。結核の治療はおろか，検査すらも十分にできない時代が続いたためである。

　しかし，1900年代に入ってから，日本をはじめとした多くの国や機関の支援により，結核対策が実施され，その数は減少している。現在でも結核の

156　第 8 章　医療と衛生環境の現状

死亡率や有病率は高いといわれるが，確実に進歩しているのである。図 8-4 にカンボジアにおける結核の死亡率と有病率の推移を示した。図 8-4 のうち上段のグラフは死亡率を表し，結核による死亡者のうち HIV との合併症により死亡した人を除いたデータとなっている。2000 年には，10 万人に対して 40 人以上の死亡率であったが，2016 年には約 20 人と半数程度まで減少している。図 8-4 の下段のグラフは有病率を表している。グラフのうち上の実線は有病率，真中は新規及び再発により報告された数，下は HIV と合併したものを示している。2000 年には 10 万人に対して約 600 人の有病率であったが，2016 年には 400 人以下にまで減少していることがわかる。新た

図 8-4　カンボジアにおける結核の死亡率及び有病率の変化

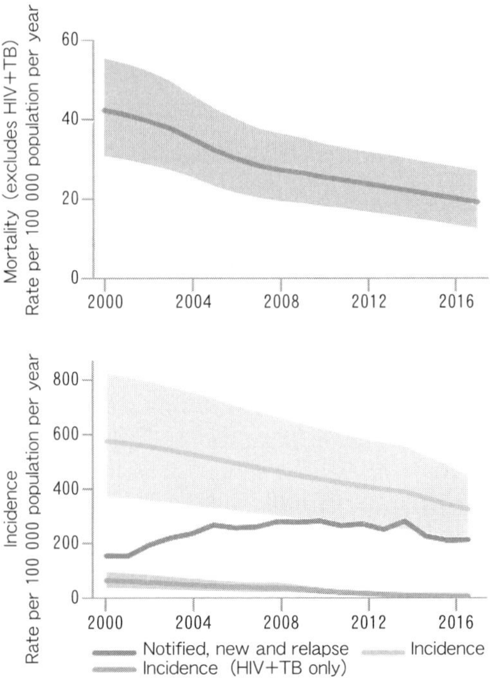

注：上段は死亡率を表し，結核による死亡者のうち HIV との合併症による死亡者を除いたデータとなっている。下段は有病率を表し，下段のうち，上の実線は有病率，真中は新規及び再発により報告された数，下は HIV と合併したものを示している。
出所：World health organization (2018) GLOBAL TUBERCULOSIS REPORT 2018. より引用。

に報告された人の数（真中の実線）は，2000年から上昇傾向にあるが，これは結核の検査体制が整備されたことによるものと推測され，2012年から2016年の間に減少に転じており，今後はさらなる減少が期待される。世界の他の国々，特に先進国と比較すれば，カンボジアが置かれている状況は決して良くはないが，結核は発見できる病気であり，治療できる病気になってきていることは素晴らしい事実である。この事実は，カンボジアの発展を支えてきたひとつの要因と考えられる。

2-3. 非感染症

　カンボジアにおける死因の上位に位置する冠動脈性心疾患や脳卒中は血管疾患であり，非感染症に分類される。日本でも死因の第2位及び第3位（2017年）に位置し，低中所得以上の国々では死因の上位に位置している。これらは生活習慣病と呼ばれ，過食による肥満や，運動不足によって引き起こされると一般的に認識されている。近年，特にカンボジアで増加している生活習慣病は糖尿病であり，糖尿病は上述した血管疾患の一因となるため，カンボジア人が今後注意すべき疾患のひとつと考えられる。

　日本貿易振興機構の「ASEANのヘルスケア制度・政策調査（2018）」によれば，「カンボジア国内の糖尿病患者数の増加は深刻で，2012年時点で約21万人以上と言われ，現地報道では糖尿病患者は100万人という報道もあったほどだ。深刻化するのは都市部の中間層から富裕層の間と推測されたが，実際には患者数は農村地域に多く存在しており，患者数の6割以上（13万人以上）である。カンボジアは10年以上にわたり経済成長率が7％以上を維持しており人々の生活も向上している。近年は，農村においても人々が機械で精米された白米を食べるようになり，米食中心の文化で一人あたりのコメ消費量も多いことが，糖尿病の原因とみられる。」と報告している。さらにWHOが公表する糖尿病に関するデータでは，カンボジアにおける2016年の糖尿病の患者数は男女合計で90万人以上とされ，過体重（Body mass index（BMI）が25以上）の割合は200万人以上に上るという。2012年からの4年間で70万人以上も糖尿病の患者が増えたとは考えにくいため，

2012年時点で糖尿病か診断されていなかった人々が，検査機関の充実により正式に診断された結果と推測される。カンボジアには現在，100万人近い糖尿病患者が存在することは事実のようである。さらに，過体重の割合も高いことから，今後数年でさらに患者数が増える可能性も考えられる。

　糖尿病の約90％は2型糖尿病とされ，肥満などが原因となり，分泌されたインスリンの作用が低下すること（インスリン抵抗性）で，高血糖状態が惹起されるために生じる。糖尿病の弊害のひとつは合併症であり，合併症には「網膜症」，「腎症」，「神経障害」が挙げられる。高血糖の状態が続くと，網膜や腎臓の微小血管障害により失明や腎不全が引き起こされ，神経障害により反射や知覚機能が低下するケースもある（S. シルバーナグルら, 2011）。さらに，糖尿病に加えて高血圧や脂質代謝異常が重なると，心疾患や脳卒中のリスクが高まるのはもちろんであるが，閉塞性動脈硬化症によって下肢への血流が低下すると，下肢の一部が壊死し切断に繋がる場合もある。実際に，カンボジアでは糖尿病の認知度が低く，検査が行き届かないため，気づかぬ内に糖尿病が進行し，足を切断せざるを得なくなってしまうこともあるという。このように，糖尿病はカンボジアの人々の生活を脅かす病気である。カンボジア人に限らず，アジア人は欧米人と比較して高血糖になりやすく，少しの体重増加でも糖尿病を発症しやすいという研究報告もある（Kodama et al., 2013）。したがって，発展途上にあるカンボジアにおいて，早急な対策が必要な疾患と考えられる。

2-4. まとめ

　本項では，カンボジアにおける死因の推移を概観し，死因が感染症から非感染症へと推移していることについて述べてきた。国の所得が上がるにつれて疾病構造が変化することはカンボジアに限ったことではないが，一方で，カンボジア特有の問題も存在している。感染症では，特に結核が問題となり，これまでの政策で減少してきてはいるものの，未だに有病率は高いという現状がある。非感染症では，生活習慣病のひとつである糖尿病が増加している。このように，発展途上にあるカンボジアでは，これまで対策を練って

きた病気と，新たに対策を練らなくてはならない病気が併存する時代が続くと考えられる。この時に必要となるのが，医療の充実である。次節では，カンボジアの医療の現状について述べる。

3. 医療の現状

カンボジア王国では，内務省や国防省，環境省など全20省のうち保健省（Ministry of Health）が保健医療分野の政策を担当している。保健省は，「地域に根差した保健医療システムの充足を通して，プライマリヘルスケアの向上を拡大する」という目的のもと，組織改編を図ってきた。1995年，WHOの支援をもとに，Health Coverage Plan（保健医療提供計画）を策定し，現在の保健医療体制を成立させた。23の州とひとつの首都を76の保健行政区（Operational District）に区分し，ひとつの保健行政区で人口10万～20万人をカバーできるようにしている（2015年時点では，94の保健行政区に分割されている）。さらに，保健医療サービスをよりアクセスしやすい形で国民に提供できるように，国家（中央）レベル，州レベル，保健行政区レベルの3つのレベルに分け，それぞれの役割と機能を明確に定義した（図8-5）。

図8-5　保健医療システムの3分割

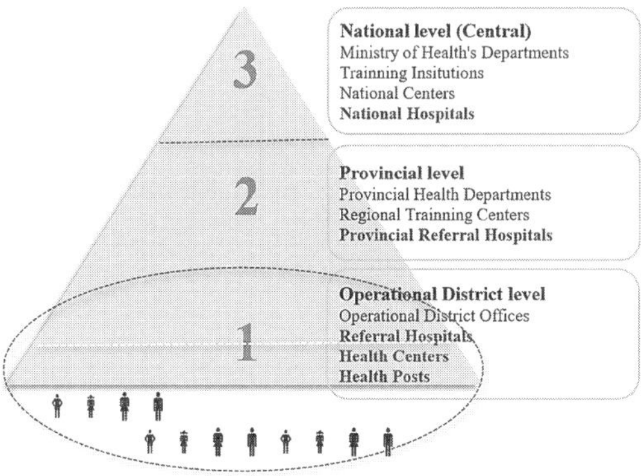

出所：Ministry of Health（2016），THE THIRD HEALTH STRATEGIC PLAN 2016-2020.より引用。

本節では，カンボジアの保健医療サービスの仕組みや現状について述べる。

3-1. 公共医療施設

カンボジアの公共医療施設は，国立病院（National Hospital），レファラル病院，ヘルスセンター，ヘルスポストに分類される。すべての医療施設で同等のサービスを提供しているわけではなく，中央レベルに位置する医療施設ほど高い医療サービスを提供している。医療サービスのレベルは，基本サービスパッケージ（The Minimum Package of Activity, MPA）と補完的活動サービスパッケージ（The Complementary Package of Activity, CPA）に分類され，CPAはそのレベルに応じてCPA-1からCPA-3に分かれる。MPAは初診及び一次診断，応急手当，慢性疾患の治療，正常分娩を含む妊婦・小児ケア，予防接種，保健教育，上位医療機関への紹介などのサービスを提供している。CPA-1は，40〜60床の入院施設を有するが，全身麻酔を伴う手術や輸血の機能はなく，最低限の助産サービスを提供している。CPA-2は60〜100床の入院施設を有しており，CPA-1のサービスに加え，集中治療室や麻酔科，血液バンクがあり，救急医療や全身麻酔を伴う大規模手術に対応できる。さらに，耳鼻咽喉科，眼科，歯科など専門的な診療サービスを提供している。CPA-3は100〜250床の入院施設を有しており，CPA-2と同等のサービスをより多くの人に提供でき，多様な専門機能を有している。

3-1-1. 国立病院

2015年時点で，9つの国立病院があり，CPA-3の医療サービスを提供している。中央レベル（レベル3）に位置しており，カンボジアの医療分野をリードし運営する役割を果たしている。保健省とともに戦略を策定し，人材，物資，財政，情報などの財源の動員や配置を指揮する。病気のリスクを減少させるための予防プログラムを組織し，地方や地区に対するトレーニングサポートをする役割を果たしている。

3-1-2. レファラル病院

レファラル病院は，8万〜20万人（10万が最適）を対象にし，車あるいはボートで2時間以内にアクセスできる場所に設置される。2015年時点で，25の州立レファラル病院と68の保健行政区のレファラル病院があり，州立レファラル病院はCAP2〜CPA3の医療サービス，保健行政区のレファラル病院はCPA1〜CPA2の医療サービスを提供している。

州立レファラル病院は州レベル（レベル2）に位置しており，年間の計画や予算案を踏まえた健康行政や健康戦略計画を解釈し，普及・実行をする役割を果たしている。医療サービスを管理し評価することによって，保健行政区の発展をサポートし，さらに，地方の医療人材の継続的な教育を担当している。

保健行政区のレファラル病院は保健行政区レベル（レベル1）に位置しており，国のガイドラインに沿った効果的で，効率的で，包括的な医療サービス（健康増進，予防，治療，社会復帰など）を維持する役割を果たしている。ヘルスセンターやヘルスポストのスタッフをトレーニングし，サポートする役割を担っている。

3-1-3. ヘルスセンター・ヘルスポスト

ヘルスセンターは，8,000人〜1万2,000人（1万人が最適）を対象にし，10km以内あるいは徒歩で2時間以内にアクセスできる場所に設置される。ヘルスポストは2,000〜3,000人を対象にし，村からヘルスセンターまで15km以上も離れている場所や，山や川などの地理的な障害を抱えている場所に設置されている。ヘルスセンターやヘルスポストはMPAの医療サービスを提供している。

村や集落の人々が可能な限り簡単に医療サービスにアクセスできるようにする役割を果たし，人々がコミュニティーに参加し，健康へ興味関心を持つように活動している。

3-1-4. 病院の分布

図8-6にレファラル病院の分布，図8-7にヘルスセンター・ヘルスポストの分布を示した。それぞれの分布を見てみると，プノンペン周辺やシェムリ

第 8 章　医療と衛生環境の現状

図 8-6　レファラル病院の分布（2010 年）

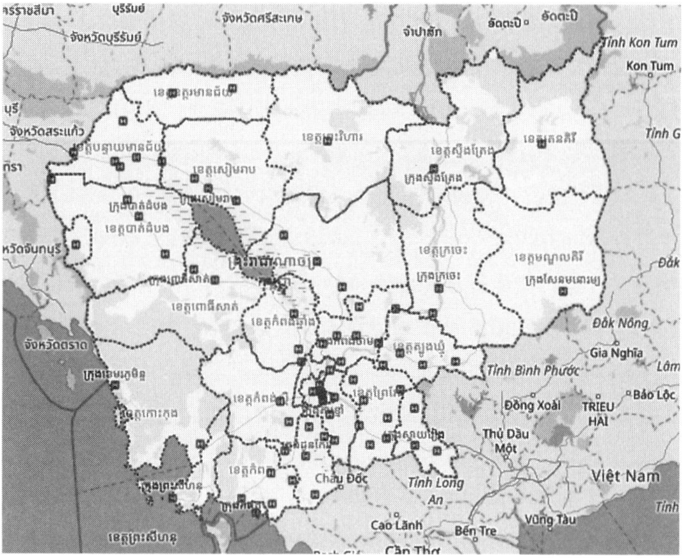

出所：OpenDevelopment HP（https://opendevelopmentcambodia.net/）より引用。

図 8-7　ヘルスセンター・ヘルスポストの分布（2010 年）

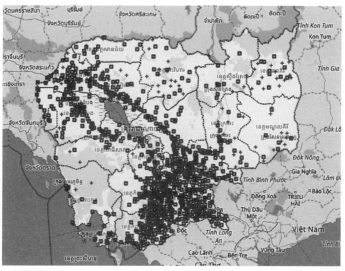

出所：OpenDevelopment HP（https://opendevelopmentcambodia.net/）より引用。

アップ周辺，トンレサップ湖の周辺に集中しており，人口の多い地域に病院が集中していることがわかる。当然，病院は周辺住民をカバーできるように設置されるため，このような分布になることは当然である。まだ農村地域には十分な医療サービスは行き届いていないが，MPA レベルの医療サービスであっても，農村地域の住民がアクセス可能（容易ではないが）な診療所が増えてきたことは，カンボジアの発展に欠かせないものである。実際，ヘルスセンターの数は 2008 年には 967 であったものが 2015 年には 1,141 まで増加し，遠隔地をサポートできるようになってきている。さらに，CPA-1 や CPA-2 の医療サービスを提供できるヘルスセンターも増えているという。現在，ヘルスセンターを徒歩 2 時間以内のところに設置するという基準で政策を進めているが，遠隔地に暮らす住民にとって不便であり，医療サービスを十分に受けることは難しい。実際，カンボジアの農村地域では，診療所へのアクセスを良くして欲しい，近くに診療所を作ってほしいという声がある。したがって，ヘルセンターなどの診療所の設置基準を緩和するなど，農村地域の人々がアクセスしやすいシステムを構築することが望まれる。常設のヘルスセンターの設置が困難であれば，月に何回，週に何回と決め，臨時の診療所を開設するのもひとつの方法と考えられる。このようにして，全てのカンボジア国民に十分な医療サービスを提供することが今後の課題になると考えられる。

3-2. 医療従事者

医療の充実を図るために重要となるもののひとつに，人材の確保がある。ヘルスセンターやヘルスポストに医師が勤務していることは稀であり，主に看護師や助産師が勤務しているという現実がある。実際に，カンボジアにおける医師や看護職の人数は ASEAN 諸国と比較して少ないというデータがあることから（図8-8），医師や看護職をはじめとした医療に関わる人材の育成が課題になると考えられる。

医療従事者を増やすため，Health Workforce Development Plan（医療従事者育成計画）が策定され，1997～2005 年の計画では，「医療従事者の十分

な育成と公平な配分」という目標のもと人材の確保が進められた。さらに，2006～2016 年の第 2 次計画では，「医療従事者の能力の向上と統制」を目的に，質の向上が目指された。これらの計画により，2008 年には 1 万 8,096 人であった医療従事者は，2015 年には 2 万 954 人まで増加したという。そして現在，「よく訓練され，有能でやる気のある，適切なスキルと高い倫理観を持った医療従事者を増やす」ことを目標に掲げて第 3 次計画（2016～2020年）が実行されている。この計画ではさらに，次のような小目標が掲げられた。

1) 人々の要求に応えられる医療従事者の育成を確実にするため，統一した計画を採択する。
2) 変わりゆく人口統計学的，疫学的な環境において，増大する要求に応えられるスキルを獲得させるため，教育とトレーニングの質を向上させる。

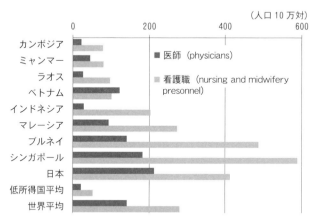

図 8-8　ASEAN 諸国の医師および看護職の対人口比の人数

注：「医師」は一般医と専門医を含む。「看護職」は看護師，助産師，准看護師（auxiliary nurses），准助産師（auxiliary midwives）など専門教育を受けた者のことで，TBA（traditional birth attendant）は含まない。
出所：みずほ情報総研株式会社（2013）カンボジア保健医療分野支援の評価（第三者評価）報告書．より引用．

3）医療サービスの効果的な提供を可能にするため，スキルを持った医療従事者の公平な分配を促進させ，それを維持する。

4）働く人の生産性，やる気を最適なものにするため，職場環境をより良いものにする。

5）医療サービスの安全と質を確保するために，医療従事者の規制と統制を強化する。

以上のように，現在の医療従事者育成計画では，より医療の質を高めるための教育を重視するとともに，安全な医療サービスを維持するための法整備に焦点が当てられている。表8-3に，2020年までの医療従事者の具体的な目標数を示す。2015年の医療従事者数の総数が先述した数と異なるのは，

表8-3 医療従事者の目標数

Cadre	2011	2012	2015	2018	2020
General medical practitioners	2,144	2,204	2,385	2,566	2,687
Specialist medical practitioners	351	353	357	362	365
Physician assistants/health officers	796	773	705	636	591
Graduate/registered/professional nurses	5,389	5,629	6,348	7,067	7,547
Vocational/enrolled/practical nurses	3,260	3,535	4,359	5,182	5,732
Midwives	2,053	2,323	3,134	3,945	4,485
Primary midwives	1,997	2,039	2,164	2,289	2,372
Dentists	230	240	270	299	319
Dental assistants and therapists	62	57	42	27	17
Pharmacists	489	508	563	619	657
Pharmaceutical assistants	92	94	98	103	106
Physiotherapists	137	150	190	230	257
Radiologic technology and therapeutic equipment operators	17	40	111	181	228
Laboratory technicians	509	527	579	632	667
Skilled administrative staff	71	104	204	303	370
Accountants	144	153	180	207	225
Information and communications technology professionals	49	63	104	144	172
Building caretakers	94	123	209	295	352
Drivers	65	75	104	144	172
Other health support staff	647	1,095	2,439	3,782	4,678
TOTAL	18,596	20,083	24,543	29,004	31,978

出所：World Health Organization (2014), Human Resources for Health Country Profiles: Cambodia.より引用。

表8-3のデータに「Driver」や「Building Caretakers」なども含まれているためである。次に，医師や看護職などの代表的な職種に焦点を当て，教育制度等について述べていく。

3-2-1. 医師

カンボジアには総合診療医（General medical practitioners）と専門医（Specialists medical practitioners）がおり，それぞれ資格を取得する過程が異なる。総合診療医は，大学医学部に6年間在籍し医学学士を取得し，その後，2年間の現場研修を終え国家試験に合格，カンボジア医学評議会（Medical Council of Cambodia）に登録されることが必要となる。専門医は，医学学士を取得した後，3〜4年間の専門医研修を終え専門医の国家試験に合格，評議会に登録される必要がある。国家試験，資格登録制度は2012年より義務付けられたものであるため，無免許の医師も多いのではないかと考えられている。

2011年には，総合診療医と専門医は合わせて2,495人であったが，2015年には2,741人まで増加，2020年には3,052人という目標が設定されている。総合診療医であれば8年間，専門医であれば9〜10年間を要することを踏まえると，急速に増加させることは困難である。徐々に医師を増やし，教育体制を整えていくことが必要と考えられる。

3-2-2. 看護職

看護職には，大きく分けて看護師と助産師がおり，大学医学部の傘下にあるThe Technical School of Medical Care（医療従事者養成学校，TSMC）において3年間の課程を修了すると，準学士（Associate degree）を取得した看護師（Professional nurse）または助産師（Midwife）になることができる。教育課程では，基礎看護学などの理論を学ぶとともに，英語やフランス語の講義を行う学校も多い。さらに，ヘルスセンターやレファラル病院などの医療現場での実習を通して，スキルを向上させることが求められる。しかし，実際の医療現場では教育者の数が限られており，教育するためのスキルに乏しいことも多く，効果的な教育を妨げてしまう場合も多いという。

「日本の医療サービスの海外展開に関する調査事業」では，カンボジアに

おける看護師の現状について次のように報告している。「カンボジアでは「患者の身の回りの世話は家族が行い，医師の指示に従い処置をするのが看護師」というように看護の考え方そのものが異なっている。患者の身の回りの世話など衣食住については全て家族が行うため，病室の環境や患者の栄養に注意を払う看護師はなかなか存在しない」という現地の声を紹介している。さらに，処置などの手技は比較的上手な者が多いが，症状や疾患の根拠などを関連付けて考察する事が苦手だという。カンボジアの医療現場では，「医者は頭で考える，看護師は手足となって働く」という言葉が聞かれるように，医師と看護師の関係が完全に主従関係として成り立っている。これが，看護師の能力が向上しない原因となっている可能性もある。もちろん，カンボジアの全ての医療機関に当てはまることでないが，一部の医療機関ではこのような事実がある。看護師や助産師の数は，2011年から2018年までの間に大幅に増加しているが（表8-3），今後は教育の質を向上させることが課題と考えられる。

3-3. まとめ

　本節では，カンボジアの医療現場について，公共医療施設と医療従事者を中心に述べてきた。カンボジアでは都市部と農村部を比較すると，医療の水準に大きな差が存在していると思われる。しかし，中央から地方へと確実に医療を届けるための政策が実施されており，医療従事者を教育するための政策も行われている。実際に，公共医療施設や医療従事者の数は確実に増大している。しかし，一部では医師と看護師の教育体制が整っていないという現状もある。施設と人材の数を増やしても，働く人々の質を高めなければ医療サービスの質は向上しないため，現状に合った教育体制を構築することが今後の課題と考えられる。

4. 衛生環境

　人々が健康な生活を送るうえで，「安全な水」を確保することは必要不可

欠である。日本では，当たり前のように安全な水を飲むことができ，排泄物を処理する下水処理設備が整備されている。しかし，低所得国を中心とした多くの国々では，安全な水を手に入れることができず，劣悪な環境での生活を強いられている。このような不衛生な環境で生活することで，下痢や感染症などを患い亡くなってしまう子供たちが多く存在する。本節では，世界の水に関する諸問題を紹介するとともに，カンボジアの衛生環境の現状について，「飲料水と衛生設備」を中心にまとめる。

4-1. 飲料水と衛生設備の重要性

現在，安全な水にアクセスできない人は，世界中で約9億人にものぼる。WHOは，「水へのアクセス」について，「1km以内の距離に1日20リットルの水を確保できる場所がある」と定義している。水を確保するために何時間も歩かなければならない人や，そもそも安全な水を得ることができない人が約9億人も存在するということである。加えて，水を汲みに行くために学校に行くことができず，教育の機会を奪われてしまっている子供たちが多く存在している。さらに，約24億人の人々が，衛生設備の整ったトイレを利用できていないという。衛生環境を清潔に保つことができず，1日に約800人もの子供が下痢によって亡くなってしまっている。

このような現状を解決するために，国際連合は2015年，持続可能な開発目標（Sustainable Development Goals, SDGs）を提唱した。SDGsには，「貧困を無くそう」，「飢餓をゼロに」，「すべての人に健康と福祉を」など，世界中の人々が平等に，平和に暮らせるように17の目標が設定されている。この目標のひとつとして「Clean water and Sanitation（安全な水とトイレを世界中に）」が掲げられている。2030年までに，「すべての人々の，安全で安価な飲料水の普遍的なアクセスを達成する」，「すべての人々の，適切かつ平等な下水施設・衛生施設へのアクセスを達成し，野外での排泄をなくす」ことが目標とされている（JICA, 2015）。17の全ての目標が重要ではあるが，水と衛生の問題を解決することは，その他の目標を達成するためにも必要である。安全な水が人々の健康に寄与することはもちろんであるが，水を汲み

に長時間を要することが無くなれば，労働や教育に充てることができ，貧困や教育の問題を解決するための一助になる。このように，「水」の問題はSDGsの中でも特に重要な目標といえる。

4-2. カンボジアにおける飲料水と衛生設備の現状

カンボジアでは，1989年頃から飲料水と衛生設備の分野に資金援助がなされるようになった。それから1999年までの間に，緊急に必要とされる分野として，優先的に飲料水の分野に支援が集まった。一方，衛生設備の分野に大きな資金援助が集まってきたのは2000年頃といわれている。このように，カンボジアにおいて飲料水と衛生設備の分野に支援が集まり始めたのは近年になってからのことである。

図8-9に，飲料水とトイレへのアクセス状況について，カンボジアと周辺国を比較したデータ（2006年）を示した。Urban（都市）のデータを見てみると，Water（飲料水）については周辺国と比較して極端に低いわけではないが，Sanitation（衛生設備）を見てみると，都市であっても60％の普及

図8-9 飲料水とトイレへのアクセス（各国とカンボジアの比較（2006年））

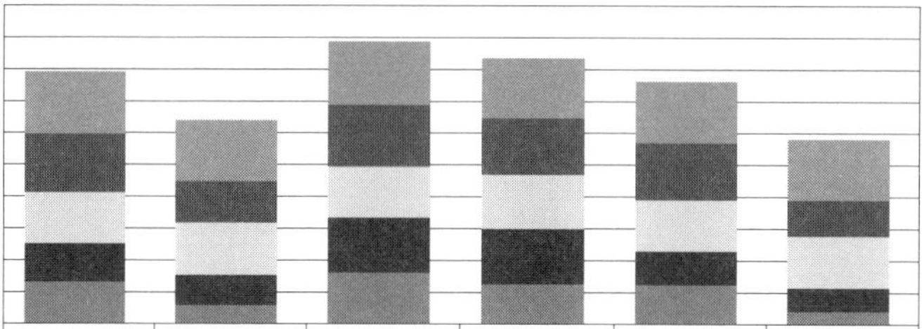

	Water (Total)	Sanitation (Total)	Water (Urban)	Sanitation (Urban)	Water (Rural)	Sanitation (Rural)
Thailand	98%	96%	99%	95%	97%	96%
Vietnam	92%	65%	98%	88%	90%	56%
Myanmar	80%	82%	80%	85%	80%	81%
Laos	60%	48%	86%	87%	53%	38%
Cambodia	65%	28%	80%	62%	61%	19%

出所：KINGDOM OF CAMBODIA (2012) The Government's Achievements and Future Direction in Sustainable Development.より引用。

率であり，周辺国と比較して低い値であることがわかる。さらに Rural（農村）では，飲料水の普及率が61％，衛生設備は19％と極端に低い普及率となっている。2006年のデータではあるが，カンボジアが厳しい状況に置かれていたことがわかる。

続いて，カンボジアで飲料水と衛生設備が普及してきた推移を示した（図8-10）。2014年時点で，都市における飲料水の普及率は95％と高い値を示しており，一方，農村では59％の普及率である。都市における衛生設備の普及率は2015年時点で85％と高く，一方で，農村では41％であり，都市と大きく差が開いていることがわかる。

SDGs は，2000年に国際連合が提唱したミレニアム開発目標（Millennium Development Goals, MDGs）に続く目標として提唱された。MDGs においても環境分野は到達目標のひとつに組み込まれ，カンボジアは2014年までに農村における飲料水の普及率を50％に，衛生設備の普及率を33％にするという目標を掲げていた。先ほど紹介したデータを参照すると，この目標はいずれも達成されたことがわかる。現状を見ると，都市と農村では普及率に大きな隔たりがあり，農村は見捨てられているように見えるかもしれない。しかし，これまでの推移を見ると，確実に発展していることがわかる。都市

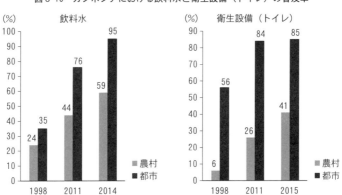

図8-10 カンボジアにおける飲料水と衛生設備（トイレ）の普及率

出所：KINGDOM OF CAMBODIA (2012) 及び World Health Organization (2016) をもとに作成。

における飲料水や衛生設備の普及率は80〜90％に達していることから，これからの10年で農村の普及に力が注がれるであろう。MDGsに続くSDGsによって，2030年までにさらなる改善が図られることが期待される。

4-3. まとめ

本節では，世界における飲料水と衛生設備の諸問題を述べ，カンボジアの現状について紹介した。カンボジアは周辺国と比較して飲料水や衛生設備へのアクセスが悪く，特に農村における衛生設備の普及率は50％にも満たない。この現状を見ると，SDGsにおいて「水と衛生設備」に関する目標が具体的に設定されたことは喜ばしいことである。今後，農村における衛生設備の普及がカンボジア政府の取り組むべき課題のひとつと考えられる。

5. 持続可能性について

本章では，カンボジアの医療と衛生環境の現状について述べてきた。カンボジアは現在，急速な経済発展を遂げ，人々の生活様式は急速に変化してきている。今後，カンボジアがさらなる発展を遂げていくため，農村部に対する支援を継続することが重要なのはもちろんであるが，同様に重要なのは教育であると考えられる。カンボジアの学校では，算数，クメール語，歴史，生物，化学などの科目が必修で教えられ，体育や芸術などは選択科目であれば良いほうで，ほとんど教えられていないという。将来，働いて稼げるようになる知識しか扱われていないのである。労働するための知識が重要であることはもちろんであるが，国が発展していく上で，今後は健康を自分自身で保持するための知識も必要なのではないかと思われる。

例えば，疾病構造が感染症から非感染症へと推移し，生活習慣病が増加している背景には，経済の発展がある。食べ物に困らずに生活できることは素晴らしいことであるが，その反面，病気のリスクが高まってくる。病気に関する知識を持っていなければ，潜在的に病気が進行し，病気により日常生活を送ることができず，最悪の場合は命を落としてしまうかもしれない。さら

に，都市部において飲料水や衛生設備が整い，今後，農村部でも徐々に衛生環境が整っていくであろう。しかし，衛生環境が整っても，それを正しく利用できなければ，感染症を防ぐことは難しい。筆者はカンボジアの農村を訪れた際，住人たちがあちこちにゴミを捨て，ゴミがまとめられていない現状を目の当たりにし，驚愕したのを覚えている。

　医療や衛生環境が整備されても，人々の行動が変化しなければ，十分にその恩恵を受けることができない。今後，高齢社会へ突入するカンボジアには，日本で教育されているような「衛生教育」が必要になってくるのではないかと考えられる。日本では各家庭で衛生教育が施されるだけではなく，学校教育として保健体育の中で衛生教育が実施されている。手洗いの習慣化やトイレの利用方法，歯磨きの方法など，生活の基本的なことから，病気の種類や予防法まで，教育の一環として取り入れることがカンボジアの今後の発展に繋がり，支援と人々の努力が重なり，持続可能なものになると考えられる。

参考文献

一般社団法人日本呼吸器学会（2017）「呼吸器の病気―感染性呼吸器疾患：肺結核―」(http://www.jrs.or.jp/modules/citizen/index.php?content_id=6　2019年3月19日検索)。

S. シルバーナグル・F. ラング著，松尾理監訳（2011），糖尿病の原因，『カラー図解・病状の基礎からわかる病態生理，第2版』メディカル・サイエンス・インターナショナル，308-313。

カンボジアHHRDプロジェクト調査コンソーシアム（2013）「日本の医療サービスの海外展開に関する調査事業（カンボジアHHRDプロジェクト事前調査）報告書」。

経済産業省（2018）「医療国際展開カントリーレポート―新興国等のヘルスケア市場環境に関する基本情報・カンボジア編―」。

公益社団法人日本WHO協会（2018）「WHOファクトシート：死亡原因トップ10。

日本貿易振興機構（2018），ASEANにおけるヘルスケア制度・政策調査（カンボジア）」(https://www.jetro.go.jp/ext_images/industry/life_science/healthcare_asean/kh.pdf　2019年3月13日検索)。

みずほ情報総研株式会社（2013）「カンボジア保健医療分野支援の評価（第三者評価）報告書」。

村川裕二（2010），呼吸器感染症：結核菌，『新病態生理できった内科学―9：感染症―』医学教育出版社，143-147。

Institute for Health Metrics and Evaluation (2017), Global Burden of Disease Compare (1990-2017)：Cambodia (https://vizhub.healthdata.org/gbd-compare/　2019年3月19日検索)。

JICA (2015)「我々の世界を変革する：持続可能な開発のための2030アジェンダ」(https://www.mofa.go.jp/mofaj/files/000101402.pdf　2019年4月2日閲覧)。

KINGDOM OF CAMBODIA (2012), The Government's Achievements and Future Direction in

Sustainable Development.

Kodama, K., Tojjar, D., Yamada, S., Toda, K., Patel, C. J., Butte, A. J. (2013), Ethnic differences in the relationship between insulin sensitivity and insulin response: a systematic review and meta-analysis, Diabetes Care, 36 (6), 1789-1796.

Ministry of Health (2016), THE THIRD HEALTH STRATEGIC PLAN 2016-2020―Quality, Effective and Equitable Health Services―.

The New Humanitalian (2011), Diabetes-the silent killer- (http://www.thenewhumanitarian.org/report/91852/cambodia-diabetes-silent-killer 2019 年 3 月 18 日検索).

THE WORL BANK (2019), World Bank Country and Lending Groups (https://datahelpdesk.worldbank.org/knowledgebase/articles/906519-world-bank-country-and-lending-groups 2019 年 3 月 20 日検索).

World Health Organization (2014), Human Resources for Health Country Profiles: Cambodia.

World Health Organization (2016), CAMBODIA-WHO Country Cooperation Strategy 2016-2020.

World Health Organization (2016), Diabetes country profile 2016, Cambodia.

World Health Organization (2018), GLOBAL TUBERCULOSIS REPORT 2018.

World Life Expectancy (2017), WORLD HEALTH RANKING―HEALTH PROFILE: CAMBODIA― (https://www.worldlifeexpectancy.com/country-health-profile/cambodia 2019 年 3 月 18 日検索).

第9章

カンボジアの医療
―― 熱帯感染症の現状 ――

1. はじめに：概説

　カンボジアは北緯10度から15度の間に立地している。この地域は南北両回帰線（南北へ約24度）の間に存在し、地理的には熱帯地方に属する。これらの熱帯地域は気温が高く毎月18度以上か、年平均気温で20度を超えている地域を指す。特にカンボジアは熱帯モンスーン気候（短い乾期と多雨）に属し、高温で湿潤な土地である。このような地域では寄生虫が豊富である。カンボジアには、大きなトンレサップ湖とメコン川やバサック川があり、これらの湖や川は住血吸虫などの感染媒体であるとともに種々の寄生虫の中間宿主生物である貝類やミジンコ、魚類、甲殻類などの生息場所である。水系はさらにマラリア伝搬蚊や吸血性昆虫の発生源であり、人が生態系に侵入することで病原体の伝搬が始まる。熱帯モンスーン地帯では台風・ハリケーン・洪水などの自然災害が多く、そのたびに衛生設備が破損し、食中毒・コレラなどの各種の細菌感染症が流行する。熱帯の自然の中にいる多種類の動物と昆虫の間に保持された病原体のヒトへの感染は、日本などの温帯地方に比べ格段に多彩かつ高い頻度で発生する。最近、CO_2濃度の上昇に伴う地球温暖化が昆虫媒介性疾患の温帯地方における分布を拡大させる危険が迫っている。表9-1に国連熱帯病研究特別計画（The Special Programme for Research and Training in Tropical Diseases：TDR）のターゲット疾患6種を示した。これらの疾患は制圧が困難で罹患者も多く健康被害も深刻である。ハンセン症以外は昆虫や貝が病原体を伝搬する。

　一般的な衛生状態は、日本と比較して劣悪である。カンボジアでは1970

表 9-1　国連熱帯病研究特別計画（TDR）の目標疾患

病名	推定疾患数	伝搬者
マラリア	2億7,000万人	蚊
住血吸虫	2億人	貝
フィラリア 　リンパ系フィラリア症 　オンコセルカ症	 9,000万人 1,700万人	 蚊 ブユ
トリパノソーマ症 　アフリカ睡眠病 　シャーガス病	 2万5,000人 1,800万人	 ツェツェバエ サシガメ
リーシュマニア症	1,200万人	サンショウバエ
ハンセン病	1,200万人	—

出所：WHO, 1990 より改変。

年代のポルポト政権時代に医療制度が破綻し，現在再構築中であり，医療施設，医療レベルはアジアでもかなり遅れている。プノンペン市内やシェリムリアップ市内には外国人向けのクリニックがあり，初期治療可能だが，専門医による診療は期待できない。そのため，重症や緊急時，専門的な診断が必要な時などは，近隣のタイやシンガポール，あるいは日本での治療を受けなければならない。医師を含め英語での意思疎通は困難でむしろフランス語を理解する医療関係者が多いのが実情である。

2. 生活に必要な注意事項

2-1. 水・飲食について

　水道水を含め生水は飲まないことは当然のことである。さらに氷を入れない，加熱した料理を食べるといった基本的なことを守る必要がある。飲料水はペットボトル入りのミネラルウォーターを利用する。プノンペン市内の上水道施設は日本の支援により改善されたが，配管や施設の浄化槽の管理が未だ不十分である。外食する際は，高級レストランや清潔そうな店を選び，到着後1カ月以内は体が慣れるまで生ものを避け，必ず火を通したものを食べる。屋台での飲食は，食材や食器，調理後の管理，調理人の衛生意識等に問

題があるため，火を通した料理であっても注意が必要である。また，何にでも氷を入れる傾向があり，事前にいらないと言う必要がある。魚介類は寄生虫感染の危険があり，生で食べるのは避けるべきである。表通り以外ではゴミが積まれているのを見かけ，そこにはネズミ・ゴキブリ等の害虫も数多く発生している。したがって，手洗いやうがいを日頃から習慣としておくことが大事である。

2-2. 熱中症

気温が高く，日差しも強いため熱中症や脱水になりやすい。そのため，十分な水分補給に努める必要がある。発汗とともに電解質も喪失するため，梅干し・味噌汁・スポーツドリンクなどを用意しておくことも大切である。

2-3. 蚊に対する対策

デング熱・マラリアは蚊に刺されることで感染する。そのため長袖・長ズボンの着用や虫除けスプレーを使用するようにする。

2-4. 帰国後の注意

帰国後に発熱・下痢等の症状があり，医療機関を受診する際は，感染専門の病院外来を受診し，必ずカンボジアへの渡航歴を伝える必要がある。一般の内科医には熱帯医学の専門家は少ないため，マラリア・デング熱・アメーバ赤痢などを診察することは稀である。渡航歴は，これら疾患を疑う根拠になる。

2-5. 予防接種の重要性

カンボジア入国に際して必要とされる予防接種はない。しかし，成人では以下の予防接種が推奨される。

破傷風・A型肝炎・B型肝炎・日本脳炎・腸チフス・狂犬病・MMR（麻疹・流行性耳下腺炎・風疹の3種混合）

以上を踏まえて本章では、カンボジアで危険性が指摘されている疾患に加え、カンボジアに比較的多く発生している、日本脳炎、コレラ、狂犬病、鳥インフルエンザ（H5N1）、A型肝炎、アメーバ赤痢などを紹介する。なお、住血吸虫はアフリカとブラジルで猛威を振るっているが、カンボジアでは発生が少ないため省略する。

3. 疾患

3-1. マラリア

　マラリアは、マラリアの原虫がハマダラカによって媒介され、特有の熱発作とそれに続発する脾腫や貧血を呈する疾患であり、熱帯や亜熱帯に広く分布している。世界保健機関（World Health Organization：WHO, 1994）によれば、年間3～5億人が罹患し、死亡者数は150～300万人、5歳以下の死亡者数は100万人にも達する感染性の高い疾患である。世界的には1970年代から増加傾向にあり、その流行地域を図9-1、図9-2に示す。現在、日本では消滅し、国内流行はみられなくなったが、海外渡航者の感染防止や輸入マラリアが問題となってきている。

　マラリア原虫の人体寄生種は、熱帯熱マラリア、三日熱マラリア、四日熱

図9-1　マラリアの流行地域

出所：厚生労働省検疫所FORTHホームページ（https://www.forth.go.jp/useful/malaria.html）による。

マラリア，卵型マラリアの4種である。マラリア原虫はいずれも人体内で無性生殖，媒介蚊の体内では有性生殖を行う。すなわち，マラリア原虫は2宿主で，ヒトが中間宿主，蚊が最終宿主である。伝搬様式で最も重要なのはハマダラカ（写真9-1）による感染であるが，まれに輸血や経胎盤感染なども

図9-2 東南アジアにおけるマラリア流行地域

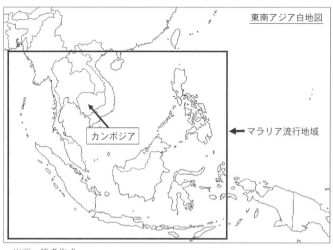

出所：筆者作成。

写真9-1 ガンビエハマダラカ
出所：国立感染症研究所 昆虫医科学部ホームページ
（https://www0.niid.go.jp/niid/entomology/pictures/pictures.html）による。

ある。潜伏期間は熱帯熱マラリアが最も短く平均12日前後であり，他の3種のマラリアはそれより長い。患者数は，熱帯熱マラリアが最も多く，予後不良である。以下，最も危険とされる熱帯熱マラリアについて記述する。

3-1-1. 症状

感染後，潜伏期間を経過してから38℃以上の発熱，場合によっては40℃以上に上昇し，これに伴う全身倦怠感が出現する。発熱には周期性があり，原虫の種類によって48時間毎か72時間毎の発熱が続くが，熱帯熱マラリアでは周期性がなく，熱が持続することが多い。熱帯熱マラリアでは意識障害をきたし，多臓器不全に陥り死亡することがある。マラリア原虫は血液中の赤血球に寄生し（写真9-2）赤血球を破壊するため，発熱は赤血球が破壊される時期に起こる。そのため，貧血（溶血性貧血）や黄疸が出現する。進行すると肝臓や脾臓の腫大が起こり，脾臓機能が亢進し，血小板の破壊により血小板数が減少し出血しやすくなる。熱帯熱マラリアでは発症してから治療開始までの期間が6日間を超えると致死率が高くなる。なお，熱帯熱マラリア以外では経過は良好である。

3-1-2. 予防法

マラリアにはワクチンがないため，予防のための蚊の対策が重要である。アジアでは流行地域が郊外のジャングルなどに限られているため，都市部や

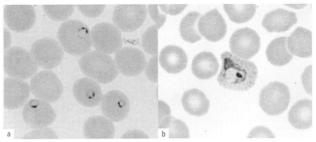

赤血球に寄生した熱帯熱マラリア原虫（a），三日熱マラリア原虫（b）

写真9-2 ヒト赤血球に寄生するマラリア原虫

出所：日本医事新報社ホームページ（https://www.jmedj.co.jp/premium/treatment/2017/d130102/）による。

リゾート地域は比較的安全である。外出時は肌の露出に注意し，虫除けスプレーを使用し，日没後には外出しないことで感染リスクが大幅に軽減する。なお，虫除けスプレーの成分としてはディート（N,N-diethyl-m-toluamide：DEET）が最も効果がある。

3-2. リンパ系フィラリア症

糸状虫（フィラリア）は，蚊により媒介される一群の線虫で，成虫は種によりリンパ系（リンパ管），筋，結合組織，体腔などに寄生する。リンパ系フィラリア症は象皮病を起こし，オンコセルカ症（回旋糸状虫）は失明を招く。

リンパ系フィラリア症の感染者数は約9,000万人，オンコセルカ症は約1,700万人である。流行地域を図9-3に示す。

3-2-1. 感染経路

リンパ系フィラリア症は，小さな寄生虫が蚊に媒介されてヒトのリンパ系に寄生することで発症する。原因となる寄生虫は3種類あり，リンパ系フィラリア症の90～95％がバンクロフト糸状虫の感染によって引き起こされる。

フィラリアの幼虫を体内に持つ蚊がヒトを刺すと，蚊の体内の幼虫が人体

図9-3　フィラリア流行地域

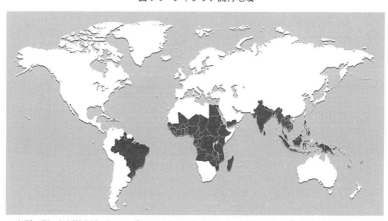

出所：Eisai ATM Navigator (https://atm.eisai.co.jp/ntd/filaria.html) による。

内に侵入し、これによりヒトに感染する。その後、仔虫を持つ幼虫はヒトのリンパ管に移動して成虫となり、腋窩・大腿・精索などのリンパ系に寄生し、閉塞と炎症を引き起こす。成虫はヒトの体内で何千匹というミクロフィラリアと呼ばれる仔虫を生み出す。そして、感染した人を蚊が吸血することで蚊の体内にミクロフィラリアが取り込まれ、さらに感染が広がるサイクル（図9-4）を生み出す。感染者の多くは子供時代に感染して、大人になってから発症する傾向にある。

3-2-2. 症状

感染すると、急性期の症状として悪寒戦慄を伴う発熱がある。しかし、感染初期はあまり症状がなく、多くの人は感染に気付かないことが多い。その後、成人になってから、リンパ管炎、リンパ節炎を伴う発熱を繰り返すうちにリンパ液の還流障害をきたすようになり、リンパ性浮腫をきたす。リンパ性浮腫は主に下肢に起こりやすいが、腕、胸、生殖器にも起こり得る。リンパ性浮腫はやがて象皮病（写真9-3）に進行する。象皮病では、疼痛があり

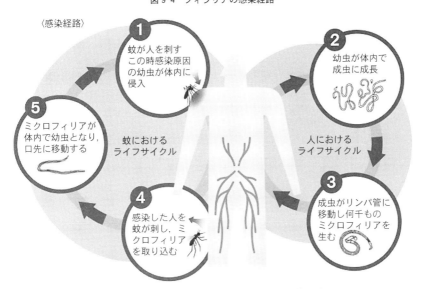

図9-4 フィラリアの感染経路

出所：Eisai ATM Navigator (https://atm.eisai.co.jp/ntd/filaria.html) による。

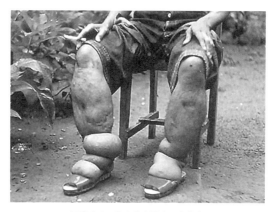

写真9-3 象皮病を発症した患者
出所：Eisai ATM Navigator (https://atm.eisai.co.jp/ntd/filaria.html) による。

体の外観を大きく損なう。

3-2-3. 診断

顕微鏡で血液中のミクロフィラリアの存在の有無を確認する。ミクロフィラリアは，夜間に末梢血管に移動する習性があるため，この時期に採血を行う。

3-2-4. 治療

治療薬や駆虫薬は多々存在するが，ミクロフィラリアおよび成虫とも有効で副作用が少ない薬はジエチルカルバマジン（Diethylcarbamazine citrate：DEC）である。しかし，リンパ性浮腫や象皮病は駆除した後も肥大し続ける可能性がある。そのため，患部の衛生を保つことやリンパ液の流れを改善するために運動などを行うことが重要である。

3-3. デング熱

デング熱はデングウィルスによる感染症で，ネッタイシマカやヒトスジシマカによって感染し，改正感染症法（平成26年11月21日法律第115号）の第4類に分類されている。流行地域を図9-5に示す。

図 9-5 デング熱の流行地域

デング熱・デング出血熱の発生地域（WHO, CDC資料より作製）

出所：国立感染症研究所ホームページ
（https://www.niid.go.jp/niid/ja/kansennohanashi/238-dengue-info.html）による。

3-3-1. 感染経路

ヒトスジシマカは，ヤブ蚊ともいわれ，日本にも生息している。不顕性感染を含め感染した人を蚊が刺すと，1週間ほどでウィルス量が増え，その蚊にヒトが刺されると感染する可能性がある。しかし，人から人へ直接感染することはない。

3-3-2. 症状

通常3～7日の潜伏期の後，約2～4割の人に38～40℃の発熱が起こり，激しい頭痛，関節痛，筋肉痛，発疹が現れる。死に至る危険性は少ないが，関節などの痛みは激しく，Break-bone feverとも呼ばれている。通常3～5日で解熱し，解熱とともに発疹が現れる。

デング熱を起こすウィルスは4種類ある。同じ型のウィルスに再び感染しても軽症で済むが，異なる型に感染すると免疫が過剰に反応し重症化することがある。重症化したものはデング熱出血熱またはデングショック症候群と呼ばれ，稀に死亡することがある。感染後の発症率は数十％，そのうち重症化する患者は数％，さらに重症化した患者の中で死亡する患者は数％であり，インフルエンザと比べ死亡率が低い病気である。

3-3-3. 治療

血小板が減少し，出血しやすくなるため，通常使用されている鎮痛・解熱剤は好ましくない。そのため，アセトアミノフェン（Acetaminophen）が使用される。ウィルスに対する治療法はなく，対症療法となる。

3-3-4. 病院への受診

日本国内で感染が確認されていないため，海外からの帰国後に発症する場合がある。帰国時にデング熱が疑われ，検疫所で検査の必要があると診断された場合，検査を受けることができる（検疫法第13条）。デング熱は，全数届出疾患に指定されており，診断後直ちに保健所に届けられる。

3-4. 日本脳炎

3-4-1. 世界の発生状況

世界的には年間3～4万人の日本脳炎患者の報告がある。日本脳炎の発生は1万人に25人と予想され，年間17万5,000人の患者数と予想される。致死率25％とすると，4万3,750人が毎年日本脳炎で死亡している計算になる。

3-4-2. 発生地域

水田での稲作を可能にする適度な高温と降雨に恵まれたアジアモンスーン地域に広く分布している（図9-6）。原因となる日本脳炎ウィルスは地方の田園地帯で伝搬し，稲作水田地帯で多発する。アジアでは，都市部がこのような水田稲作地域に近く，発生しやすい特徴がある。アジアでは夏と秋に最も発生しやすく，カンボジアでは5～10月に高頻度に発生する。

3-4-3. 症状

ヒトが日本脳炎ウィルスに感染してもほとんどの場合無症状で，症状が出現するのは感染者の1％未満である。潜伏期は5～15日で，発熱，頭痛，嘔吐が突然出現し，発症する。発症後は精神症状，神経障害，運動障害が現れる。けいれん発作は典型的で，特に子供で頻発する。発症した人の致死率は約20～30％で，延命した人の30～50％に重い神経後遺症，認知症，精神的後遺症が残る。

図9-6 日本脳炎の発生地域（WHO）

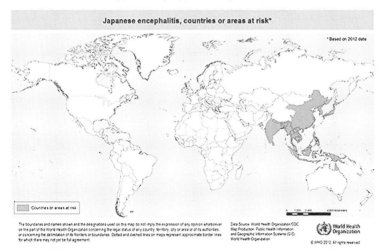

出所：WHOホームページ（https://www.who.int/news-room/fact-sheets/detail/japanese-encephalitis）による。

3-4-4. 診断

脳炎・髄膜炎・急性弛緩性麻痺などの神経感染症がある患者で，最近アジアの日本脳炎が風土病である地域を旅行した人やそこに住んでいた人は日本脳炎の可能性を疑うべきである．日本脳炎ウィルス特異IgM（Immunoglobulin M）抗体値は，発病4日以内であれば脳脊髄液で，7日以内であれば血清で測定可能である．急性期・回復期の患者の血清では，日本脳炎ウィルス特異中和抗体が4倍以上に増加している．

3-4-5. 治療

日本脳炎をはじめとしたウィルス疾患には特異的な抗ウィルス療法がなく，対症療法や合併症の管理のみである．

3-4-6. 予防

日本で開発された不活化ワクチンが使用される．初回免疫には1週間間隔で2回接種し，1年後に追加接種を行えば，以後3〜4年ごとに1回の追加接種によって，感染防御水準以上の中和抗体を維持することができる．このワクチンは日本脳炎の発症を90％以上抑えることができる有効なワクチン

である。

3-5. コレラ

コレラは，コレラ菌（V. cholera）で汚染された飲食物を摂取することで発症する急性下痢性感染症であり，社会の発展の不平等と欠陥を示す指標となっている。毎年，約130万〜400万人の患者が発生し，2万1,000〜14万3,000人が死亡している。

3-5-1. 症状

コレラ菌で汚染された飲食物を摂取すると，12時間から5日の潜伏期を経て発症する。コレラは年齢に関係なく感染する。コレラ菌は，感染してもほとんどの人は症状を発現しないが，感染から1〜10日間は便中にコレラ菌を含んでおり，他の人に感染させる可能性がある。発症しても多くの人は軽症または中等度の症状だが，一部の人は重度の水様性下痢を来たし脱水症状に陥る。したがって，治療しない場合は死に至ることになる。

3-5-2. コレラ菌の疫学，危険因子，疾病の脅威

コレラが常在する国では，季節性または散発的に感染が起こるが，流行は予想されるよりも患者数が多い状態になる。コレラの感染伝播は，水の安全性と下水道施設への利用環境が十分に行われないことと関係している。典型的な感染リスクが高い地域は，清潔な飲料水や衛生環境が整備されていない都市スラム街や難民キャンプなどである（図9-7）。

WHOによればコレラ患者数は，ここ数年高い状態が続いている。2016年には38カ国から13万2,121人の患者が報告されており，そのうち2,420人が死亡している。

3-5-3. 発生機序

主症状の水様性下痢は，コレラ菌が産生するコレラ毒素の作用による。近年，コレラ毒素以外にも，ZOT（zonula occludents toxin）やACE（accessory cholera enterotoxin）と呼ばれる毒素をコレラ菌が産生するとの報告も散見されるが，詳細は不明である。

図 9-7 コレラの危険のある地域

出所：厚生労働省検疫所 FORTH ホームページ（https://www.forth.go.jp/useful/infectious/name/name05.html）による。

3-5-4. 診断

コレラ患者は、重症の急性水様性下痢症を呈する患者に対して、臨床的に疑うことによって発見される。確定診断は、感染した患者から採取された糞便からコレラ菌を検出することによって行われる。

3-5-5. 治療と予防

治療は水様性下痢によって喪失した水分と電解質の補液が中心となる。経口摂取は反応性下痢を誘発するため、静脈輸液が中心となる。経口摂取は、開発途上国では滅菌不要、運搬可能、安価などの利点が多く、治療効果も高いが、前述したように反応性下痢が発生するため、必ずしも容易ではない。抗菌剤としては、抗菌力の強いテトラサイクリン（Tetracycline）がしばしば使用されている。しかし、治療の原則は脱水、電解質の補正にあるため、必ずしも抗菌剤の使用は必要ではない。

予防は、流行地域での生水、生食品を食べないことが重要である。対策には、患者、保菌者の隔離、患者下痢便に汚染されたものを消毒するなどの方

法があるが，医療施設が限られた流行地域ではこれらの対策を講ずることは，現実的には困難である。現在，3種類の経口コレラワクチンがあり，十分に予防するには，3種類のワクチンはともに，2回の接種が必要である。感染に極めて弱い地域や流行が実際に発生した地域を対象に，集団ワクチン接種キャンペーンが行われており，すでに1,500万回を超える経口コレラワクチンが使用された。

3-5-6. WHOの取り組み

WHOは2014年，コレラを管理する国際対策委員会（Global Task Force on Cholera Control：GTFCC）の活動を再開させた。この委員会は，学術協会，非政府組織（non-governmental organizations：NGO），国際機関など世界のコレラの感染管理に対して活動する50以上の支援ネットワークである。GTFCCは以下の活動を行っている。

1) 世界規模でコレラの感染予防と制御のための対処能力を発展させるために，世界戦略の企画とその実行を促進。
2) コレラの予防と感染制御に対する国家の対処能力を強化するために，コレラに関連する活動の技術交流，連携，および協力のための討論の場を提供。
3) 効果的なコレラ感染制御に対する各国の支援。
4) 技術的なガイドラインと運用マニュアルの普及。
5) 感染が発生した国における画期的な取り組みを評価することに重点をおいた研究計画の推進を支援。
6) 国家，地域，世界規模でのコレラ感染予防と制御を支援するための積極支援や人的，物質資源の動員活動を行うものとして，コレラ感染予防と制御についての情報普及を通してコレラの認識度を高める。

3-5-7. コレラ収束に向けた2030年までの工程表

2017年10月，GTFCCは2030年までの工程表を開始した。目的は国家の主導により2030年までにコレラ死亡者を90％低下させ，20カ国でコレラを撲滅することを目指している。その内容は，流行を封じ込めるための早期発見と迅速な対応，コレラの再興を防ぐために複数の方向からの対策アプロー

チ，国レベル・地域レベル・支援団体・地域活動の人材・支援組織などと連携を取った効率的な体制の構築などから構成されている。

3-6. 狂犬病

狂犬病（Rabies）は，熱帯，発展途上国における主要な人畜共通感染症である。世界では87カ国に存在しており，哺乳類が感染し発病すると，100%死亡するウィルス性疾患である。エジプト時代から知られており，現在も5万人のヒトと十数万の動物が発病死していると考えられている。

3-6-1. 狂犬病ウィルス

狂犬病ウィルスは陸上の肉食動物を宿主とし，ヒトまたは罹患した動物にかまれて感染する。噛まれると唾液中のウィルスが侵入し，神経細胞に感染し，神経に沿って中枢神経に達して増殖し，脳炎を起こす。中枢神経で増殖したウィルスは神経を遠心的に唾液腺，網膜，角膜，筋肉，皮膚，毛嚢などの神経末端に広がる。

3-6-2. 疫学

我が国では1922年に家畜伝染病予防法が制定され，犬にワクチンの接種が義務づけられてから約10年で年間件数が数件まで低下した。1950年に狂犬病予防法が施行され，犬に年2回のワクチン接種が義務づけられたところ，1956年を最後に国内発症はなくなった。

狂犬病ウィルスの媒介動物は，発展途上国ではイヌであるが，欧米先進国ではキツネ，アライグマ，コウモリなどの種々の野生動物が狂犬病ウィルスを保有している。狂犬病は，日本，ハワイ，オーストラリア，ニュージーランド，英国などの島国，およびフィンランド，スウェーデンなどのスカンジナビア諸国には存在しない。図9-8に狂犬病の好発地域を示す。

3-6-3. 症状

潜伏期は，多くは1～3カ月である。ウィルスが傷口より体内に侵入し，末梢神経を介して中枢神経組織に達する。そこで大量に増えて各神経組織に伝わり，唾液腺で増殖する。発病した動物やヒトは咽頭喉頭の麻痺により，唾液を飲み込むことができなくなり，ウィルスは唾液とともに体外に排泄さ

190　第 9 章　カンボジアの医療

図 9-8　狂犬病の発生地域

出所：KDC 動物病院ホームページ（http://www.kdc2000.co.jp/kdc_hospital/ill-kyouken.html）による。

れる。感染後，受傷部位の知覚障害などの前駆症状を呈する。その後，幻覚・興奮などの狂躁状態から嚥下障害などのけいれん発作が起こる。その際，水を見ただけで狂水発作を伴うことが多い。まれに狂躁発作を示さず，神経麻痺をきたす麻痺型狂犬病が見られる。最後は，筋や神経の麻痺により死亡する。

3-6-4. 診断

咬傷事故を起こした動物は，捕獲後 2 週間の係留観察が義務づけられている。発病した場合，直ちに殺処分し，脳組織を診断に用いる。世界的に一般に用いられる方法は，感染動物の脳組織をスライドに圧片し，蛍光抗体法でウィルス抗原を検出する方法であり，約 1 時間で判定できる。

3-6-5. 予防・治療

イヌにワクチン接種を行い，ヒトに対しては流行地への渡航者などに接種することで予防効果がある。感染動物に噛まれた後での接種も発病を防ぐ効果が十分ある。その際，0，3，7，14，30 日目の 5 回接種が行われており，

場合によっては90日目に6回目の接種をすることになっている。ただし，発病した場合の治療法はない。

3-7. 鳥インフルエンザ（H5N1）

感染した鳥やその排泄物，死体，臓器などに濃厚に接触することによって稀に感染することがあるが，日本では報告されていない。しかし，2017年のWHOの報告によると，カンボジアでは56人が感染し，うち27人が死亡している（図9-9）。

3-7-1. 症状

初期症状の多くは，高熱と急性呼吸器症状を主とするインフルエンザ様疾患の症状を呈する。下気道症状は早期に発現し，呼吸窮迫，頻呼吸，異常呼

図9-9 世界での発生状況

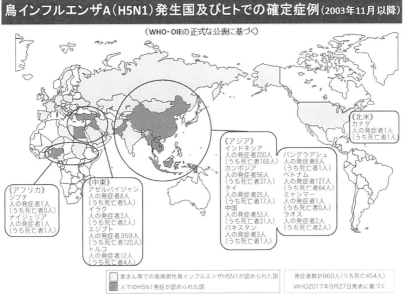

出所：厚生労働省ホームページ（https://www.mhlw.go.jp/stf/seisakunitsuite/bunya/0000144523.html）による。

吸音がよく認められ，臨床的には肺炎を併発する。呼吸不全が進行した例では，びまん性のスリガラス様陰影が両肺に認められ，急性呼吸窮迫症候群（Acute respiratory distress syndrome：ARDS）の臨床症状を呈する。死亡例は，発症から平均9～10日目に発生し，進行性の呼吸不全による死亡が多く見られる。

3-7-2. 治療・予防

タミフルなどの抗ウィルス薬を用いた治療が検討されているが，特効薬はなく，認可されているワクチンもない。

鳥との接触を避け，むやみに触らず，生きた鳥が売られている市場や養鶏場に近寄らないようにすることが大切である。手洗いも重要である。

3-7-3. 危険性のある地域

鳥類では東南アジアを中心に，中東，ヨーロッパ，アフリカの一部の地域で感染が確認されている。ヒトでの感染はアジア，中東，アフリカで報告されているが，カンボジアは最も多い国の一つである（図9-9）。

3-8. A型肝炎

A型肝炎は，A型肝炎ウィルス（hepatitis A Virus：HAV）感染による疾患であり，一過性の急性肝炎が主症状であり，治癒後に強い免疫が残る。HAVは糞便中に排泄され，糞便から排泄されたウィルスが人の手を介して，水や氷，野菜や果物，魚介類を経て口に入ることで感染する。貝類による集団感染や性交時に感染することもある。

さらに，噴口感染で伝播するため，患者の発生は衛生状況に影響を受け，A型肝炎は発展途上国では蔓延しているが，先進国では激減している。危険性のある地域を図9-10に示す。

3-8-1. 症状

潜伏期は2～6週間であり，発熱，倦怠感などに続いて血清トランスアミナーゼ（transaminase）が上昇する。食欲不振，嘔吐などの消化器症状を伴うが，典型的な症状は黄疸，肝腫大などを認める。まれに，劇症化し死亡する例を除き，1～2カ月の経過後に回復する。慢性化せず予後良好である。

図 9-10 A 型肝炎の危険のある地域

出所：厚生労働省検疫所 FORTH ホームページ（https://www.forth.go.jp/useful/infectious/name/name01.html）による。

A 型肝炎の臨床症状の特徴は，発熱，頭痛，筋肉痛，腹痛などの肝炎症状が強い。しかし，臨床症状や肝障害の改善は早い。成人では小児に比べ，臨床症状や肝障害も強い傾向がある。高齢者では重症度と死亡率が高くなる。日本では 60 歳以上の人の多くが免疫抗体を持っているが，40 代の感染リスクが高い。感染した場合には，症状の発現前と症状の消失後にも数週間はウィルスを排泄するため，他人へ感染させないような注意が必要である。

3-8-2. 治療・予防

特別な治療法はなく，急性期は安静臥床し，抗体が形成されるのを待つ。日本では，ワクチンは 2～4 週間間隔で 2 回接種する。約半年後に 3 回目の接種をすると免疫が強化され，5 年間は有効である。国と製剤によって接種方法が異なるため，海外では医師の指示に従うことになる。カンボジアでは衛生状態が必ずしも良くないため，十分に加熱処理された飲食物を摂取するように心掛ける。生水・氷・生肉・生野菜などにはウィルスが付着している可能性があるため，ミネラルウォーターや一度沸騰させた水，加熱調理して

あるものを選ぶ。カットフルーツでは，洗った水が汚染されていることがあるため，食べるなら自分の手で剥く果物のほうが安全である。

3-9. 腸チフス

腸チフスは，チフス菌（Salmonella Typhi）を原因とする感染症で，通常は細菌を含んだ食べ物や水を介して広がる。推定で1,110万から2,000万人が感染し，毎年12万8,000から16万1,000人がチフスで死亡する。経口感染し，下痢はあまり見られず，菌が腸に入った後，血液中に侵入し血流に乗って広がるのが特徴である。都市化や気候変動は，腸チフスの世界的な脅威を増大させる可能性を持っている。最近，抗生物質による治療への抵抗性が高まり，腸チフスは都市部の過密な住居地や設備が不十分で溢れる上下水道設備を通して，容易に拡がっている。

3-9-1. 症状

感染して1～3週間は症状がなく，その後，高熱，頭痛，全身倦怠感，高熱の時に数時間現れる胸や背中，腹の淡いピンク色の発疹，便秘などの症状が現れる。熱が高い割に脈が遅いのが特徴的である。重大な症状として，消化管出血や腸穿孔がある。

3-9-2. 治療

感受性のある抗生物質で治療する。症状が消失しても人は糞便から他人に伝播することがある。したがって，症状が消失しても以下の注意が必要である。

1）医師が処方している間は，処方された抗生物質を必ず服用する。
2）トイレを使用後は，石けんと水で手を洗い，他の人に食べ物を用意したり提供しない。

このような措置により，他の人に感染を伝播させる可能性が低下する。最後に，医師に体内にチフス菌が残っていないことを確かめてもらう。

3-9-3. 予防

腸チフスには有効なワクチンがあるが，日本では承認されていない。飲食物の摂取や生水の摂取などについては他の感染症と同様である。

3-9-4. 危険のある地域

特に南アジアでは他の地域の6〜30倍高い感染リスクがある。他には，東南アジア，アフリカ，カリブ海，中央および南アメリカが危険のある地域である。

3-10. アメーバ赤痢

赤痢アメーバによる消化管の感染症で，世界人口のおよそ10%，すなわち約5億人が感染している。そのうちの5,000万人ほどが腸管アメーバ症や肝膿瘍などを発症し，それによる死亡者は毎年4〜11万人を数え，その大部分はアフリカ，東南アジア，中南米などの発展途上国に集中している。我が国でも第二次世界大戦前後の混乱期には相当数の患者発生がみられた。その後，経済発展に伴う衛生状態の改善，医療の発展により減少の一途をたどり，1960年代には年間10例以下となった。現在の日本では渡航者によくみられる感染症となったが，福祉施設での集団感染，男性同性愛者間での感染がより多く，増加傾向を示している。

3-10-1. 感染経路

飲食物や手指を介して成熟嚢子を経口摂取して感染する。具体的には感染した人が排泄する便中の赤痢アメーバに汚染された水や氷，野菜や果物，肉類を生で食べることによって感染する。腸壁のアメーバは，しばしば血行性に転移して膿瘍を形成し，腸外アメーバ症を発症する。

3-10-2. 症状

通常，成熟嚢子に汚染された飲食物や手指を介して経口感染するが，同性愛者症例の場合は異常な性行為による糞口感染である。感染した人の10〜20%で症状が見られる。病原体を摂取して通常2〜4週で，下痢，粘血便，排便時の下腹部痛や不快感などの症状が起こる。典型的な例は，イチゴゼリー状の粘血便がみられ，数日から数週間の感覚で悪化したり寛解したりする。

アメーバは血液にのって腸管以外の臓器に侵入することがあり，中でも肝臓に膿がたまる肝膿瘍が高頻度で発生する。この場合38〜40℃の発熱，右

側腹痛，肝臓腫大，吐き気，嘔吐，体重減少，全身倦怠感などが起こる。

3-10-3. 治療

アメーバに対する治療薬であるメトロニダゾール（Metronidazole），デヒドロエメチン（Dehydroemetine），フロ酸ジロキサニド（Furamide Diloxanide）を使用する。症状が強いときは食事を一時中止し，点滴を行う。

3-11. HIV 感染症（AIDS）

エイズ（acquired immunodeficiency virus：AIDS）は本来，熱帯病であり本質的には性感染症である。AIDS はヒト免疫不全ウィルス（human immunodeficiency virus：HIV）に感染している状態のうち，HIV 感染によって引き起こされた高度の免疫不全に，日和見感染症，腫瘍，認知症などの2次的疾患を合併した病態で，ひとつの症候群である。HIV ウィルスに感染し AIDS が発症すると，病気に対する抵抗力がなくなり様々な病気にかかり，進行すると死に至る。

3-11-1. 疫学

HIV の感染源は HIV 感染者であり，主に無症候性キャリアーと AIDS 患者であるが，感染初期の抗体陰性期の感染者が含まれる。HIV 感染者の体液（特に血液，精液，母乳に高濃度の HIV が含まれている）の中の遊離 HIV と HIV 感染リンパ球が体内に侵入することによって感染する。

HIV の感染経路は，性行為，血液（麻薬乱用者・麻酔の回し打ち，汚染注射器の反復使用，輸血，移植，人工授精などの医療行為など），および母子感染の3つである。HIV 感染の95％以上が異性間性行為であり，特に男から女へは，女から男への5〜20倍感染しやすい。しかし，キス，抱擁，握手といった日々の接触や個人で使用する物，食品，水を共有することでは感染しない。2016年には，世界中で100万人が HIV 関連疾患で死亡している。また，2016年に，世界全体で新たに180万人が HIV に感染し，2016年末には HIV 感染者は約3,670万人に達した。HIV に感染した成人の54％，小児の43％が，生涯にわたるウィルス療法を受けている。アフリカ地域は最も感染の多い地域で，2016年には HIV 感染者が2,560万人いる。つまり，

世界全体で新たに HIV に感染した人の約3分の2がアフリカ地域で占められている。

3-11-2. 症状

HIV 感染後，数日から数週にわたって，一過性にインフルエンザ様症状（悪寒，頭痛，発熱，発汗，関節痛，咽頭痛，全身倦怠感などの急性症状）が半数以上にみられる。この時期，抗体は陰性であり，血中には大量の HIV ウィルスが存在している。その後，免疫系が働き，血中ウィルスは減少し，症状も軽減して無症状となる。

無症候性キャリアーは，血中抗体陽性で無症状であるが，体内には HIV 感染細胞が存在し，感染源となる。そして約10年を経て発病する。AIDS が発病すると，血中 HIV は再び増加し CD4 陽性リンパ球は著名に減少する。その結果，下痢や体重減少，発熱などの全身症状，日和見感染，腫瘍，神経症状を合併する。

3-11-3. 診断

多くは迅速診断検査によって診断できる。最も使用されている検査では，結果を当日に得ることができる。

3-11-4. 治療

ウィルスを完全に除去することは困難だが，種々の作用機序が異なる薬剤を使用することでウィルスを抑制し，病状の進行を大幅に遅らせることができる。特に，抗レトロウィルス薬によってウィルスを抑制し，感染伝播を防ぐことができる。現在，自分の感染状態を知っている感染者は推定で70％に過ぎない。目標である90％に達するためには，さらに750万人が HIV 検査サービスを利用する必要がある。2017年半ばには，世界中で HIV 感染者 2,090 万人が抗レトロウィルス療法を受けた。2000年から2016年の間に，新規 HIV 感染者は39％減少し，AIDS 関連の死亡者は3分の1に減少した。

3-11-5. 予防

感染に対する正しい知識を身につけることとコンドームを正しく使用することが重要である。特にサハラ以南のアフリカ，ロシア，アジア，中南米の一部の地域は現在も流行しているため予防に努めることが望まれる。

参考文献

五十嵐章（1996）「ウイルス感染症Ⅲ」竹田美文ほか編『新熱帯感染症学』南山堂，218-224。
Eisai ATM Navigator「顧みられない熱帯病について」URL：https://atm.eisai.co.jp/ntd/filaria.html 2019年3月15日検索。
大友弘士（1996）「寄生虫感染症Ⅳ」竹田美文ほか編『新熱帯感染症学』南山堂，251-276。
外務省「海外渡航・滞在，世界の医療事情 カンボジア」URL：https://www.mofa.go.jp/mofaj/toko/medi/asia/cambodia.html 2019年3月15日検索。
KDC動物病院「病気・症状，狂犬病」URL：http://www.kdc2000.co.jp/kdc_hospital/ill-kyouken.html 2019年3月15日検索。
厚生労働省検疫所FORTH「お役立ち情報，アメーバ赤痢」URL：https://www.forth.go.jp/useful/infectious/name/name03.html 2019年3月15日検索。
厚生労働省検疫所FORTH「お役立ち情報，A型肝炎」URL：https://www.forth.go.jp/useful/infectious/name/name01.html 2019年3月15日検索。
厚生労働省検疫所FORTH「お役立ち情報，コレラ」URL：https://www.forth.go.jp/useful/infectious/name/name05.html 2019年3月15日検索。
厚生労働省検疫所FORTH「お役立ち情報，腸チフス，パラチフス」URL：https://www.forth.go.jp/useful/infectious/name/name11.html 2019年3月15日検索。
厚生労働省検疫所FORTH「お役立ち情報，鳥インフルエンザ（H7N9，H5N1）」URL：https://www.forth.go.jp/useful/infectious/name/name54.html 2019年3月15日検索。
厚生労働省検疫所FORTH「お役立ち情報，マラリアについて」URL：https://www.forth.go.jp/useful/malaria.html 2019年3月15日検索。
厚生労働省「政策について，HIV／エイズ予防対策」URL：https://www.mhlw.go.jp/stf/seisakunitsuite/bunya/kenkou_iryou/kenkou/kekkaku-kansenshou/aids/index.html 2019年3月15日検索。
厚生労働省「政策について，デング熱に関するＱ＆Ａ（第3版 平成26年9月8日作成）」URL：https://www.mhlw.go.jp/bunya/kenkou/kekkaku-kansenshou19/dengue_fever_qa.html 2019年3月15日検索。
厚生労働省「政策について，鳥インフルエンザについて」URL：https://www.mhlw.go.jp/stf/seisakunitsuite/bunya/0000144461.html 2019年3月15日検索。
厚生労働省検疫所FORTH「2016 マラリアについて（ファクトシート）」URL：https://www.forth.go.jp/moreinfo/topics/2016/04271413.html 2019年3月15日検索。
厚生労働省検疫所FORTH「2018 コレラについて（ファクトシート）」URL：https://www.forth.go.jp/moreinfo/topics/2018/01111338.html 2019年3月15日検索。
国立感染症研究所「デング熱とは（2014年10月14日改訂）」URL：https://www.niid.go.jp/niid/ja/kansennohanashi/238-dengue-info.html 2019年3月15日検索。
国立感染症研究所「A型肝炎とは（IDWR 2004年第14号掲載）」URL：https://www.niid.go.jp/niid/ja/kansennohanashi/320-hepatitis-a-intro.html 2019年3月15日検索。
国立感染症研究所「IASR 日本脳炎 2003～2008年，IASR Vol.30，147-148：2009年6月号」URL：http://idsc.nih.go.jp/iasr/30/352/tpc352-j.html 2019年3月15日検索。
国立感染症研究所「IASR マラリア 2006～2017年，IASR Vol.39，167-169：2018年10月号」URL：https://www.niid.go.jp/niid/ja/malaria-m/malaria-iasrtpc/8366-464t.html 2019年3月15日検索。
国立感染症研究所 昆虫医科学部「衛星昆虫写真館」URL：https://www0.niid.go.jp/niid/

entomology/pictures/pictures.html　2019 年 3 月 15 日検索。

国立感染症研究所感染症情報センター「疾患別情報，鳥インフルエンザ」URL：http://idsc.nih.go.jp/disease/avian_influenza/index.html　2019 年 3 月 15 日検索。

竹田美文（1996）「細菌感染症Ⅰ」竹田美文ほか編『新熱帯感染症学』南山堂，89-114。

日本医事新報社「電子コンテンツ　マラリア」URL：https://www.jmedj.co.jp/premium/treatment/2017/d130102/2019 年 3 月 15 日検索。

南嶋洋一（1996）「ウイルス感染症Ⅲ」竹田美文ほか編『新熱帯感染症学』南山堂，234-238。

南嶋洋一（1996）「ウイルス感染症Ⅲ」竹田美文ほか編『新熱帯感染症学』南山堂，248-250。

Centers for Disease Control and Prevention (2018), Chapter 3 Infectious Diseases Related to Travel Dengue, CDC Yellow Book 2018 CDC Health Information for International Travel.

Centers for Disease Control and Prevention「HIV/AIDS」URL：https://www.cdc.gov/hiv/basics/whatishiv.html　2019 年 3 月 15 日検索。

Centers for Disease Control and Prevention「Neglected Tropical Diseases」URL：http://www.cdc.gov/globalhealth/ntd/diseases/　2019 年 3 月 15 日検索。

Centers for Disease Control and Prevention「Parasites – Lymphatic Filariasis, Biology – Life Cycle of Wuchereria bancrofti」URL：https://www.cdc.gov/parasites/lymphaticfilariasis/biology_w_bancrofti.html　2019 年 3 月 15 日検索。

Centers for Disease Control and Prevention「Travelers' Health, Chapter 3 Infectious Diseases Related to Travel Amebiasis」URL：https://wwwnc.cdc.gov/travel/yellowbook/2018/infectious-diseases-related-to-travel/amebiasis　2019 年 3 月 15 日検索。

Centers for Disease Control and Prevention「Travelers' Health, Typhoid Fever」URL：https://wwwnc.cdc.gov/travel/diseases/typhoid　2019 年 3 月 15 日検索。

Centers for Disease Control and Prevention「Travelers' Health, Human Infection with Avian Influenza A (H5N1) Virus: Advice for Travelers」URL：https://wwwnc.cdc.gov/travel/page/human-infection-avian-flu-h5n1-advice-for-travelers-current-situation　2019 年 3 月 15 日検索。

Gerald L. M., John E. B., Raphael D. (2009), Section H Protozoal Diseases Plasmodium Species (Malaria). Mandell, Douglas, and Bennett's Principles and Practice of Infectious Diseases seven edition, 3437.

World Health Organization (2009), Chapter 7 Malaria, International travel and health: situation as on 1 January 2009. WHO Library Cataloguing-in-Publication Data.

World Health Organization (2009), World Malaria Report 2009. WHO Library Cataloguing-in-Publication Data.

World Health Organization「Fact Sheets, Cholera (17 January 2019)」URL：https://www.who.int/en/news-room/fact-sheets/detail/cholera　2019 年 3 月 15 日検索。

World Health Organization「Fact Sheets, Japanese encephalitis (31 December 2015)」URL：https://www.who.int/news-room/fact-sheets/detail/japanese-encephalitis　2019 年 3 月 15 日検索。

World Health Organization「Neglected Tropical Diseases」URL：https://www.who.int/neglected_diseases/mediacentre/factsheet/en/　2019 年 3 月 15 日検索。

あとがき

　日本大学文理学部は，人文系・社会系・理学系の18学科からなる総合学部であり，「文と理の融合」・「文理融合」を基本理念としている。本学部教員の有志は，この基本理念をよりいっそう推し進めるべく，これまで数々の学際的かつ総合的な研究を行ってきた。その成果は，AN21研究シリーズとして，文眞堂から既に6巻が刊行され，学生および社会に還元している。

　本書はAN21研究シリーズには含まれないが，その目的は同じである。

　経済のグローバル化が進むなか，東南アジアの国々は急速な経済発展の道を歩んでいる。1990年代の初頭に，平和と安定を取り戻したカンボジアも，経済の復興と発展の道を歩んでおり，しかも，その速度を速めつつある。

　本書の著者たちは，ここ数年にわたり，こうした状況下にあるカンボジアについて学際的な共同研究を行ってきた。その過程で，社会・経済・文化などが大きく変化しつつある今日のカンボジアの姿を学生に紹介しよう，ということになった。そこで，共同研究参加教員全員によるオムニバス形式の授業科目を設けて，同国の実状を多角的かつ複眼的に紹介する講義をここ3年にわたり行ってきた。それが，本学の総合教育科目の中の「カンボジア研究（その自然・文化・社会・政治・経済）」と題する教科目である。

　その授業内容は，この講義のタイトルから分かるように，カンボジアの自然・文化・社会・政治・経済など多岐にわたる。このために，これらの講義内容を多少なりとも体系的にまとめた教科書の必要性が感じられるようになったことから，今回，本書を出版するに至ったしだいである。

　この教科書の出版によって，文理融合の理念の具現化がいささかなりとも進展すれば，本書の著者らにとって幸いである。本学部教員の有志達は，今後も，学際的な共同研究を行っていく所存であるが，必要性が感じられた場

合には，随時このような教科書を出版してゆくこととしたい。

AN21 代表

大塚　友美

索　引

【数字・アルファベット】

2030アジェンダ（SDGs）　142
APSARA　12
ASEAN（東南アジア諸国連合）　64
A型肝炎　192
HIV感染症（AIDS）　196
NGO　107

【ア行】

亜熱帯落葉樹林　113, 118
アプサラ（APSARA）　69
アメーバ赤痢　195
アンコール（Angkor）　12, 66
アンコール遺跡公園　68
アンコールワット寺院　16
アンナン山脈　119
アンリ＝ムーオ　13
アンロントム（Anlong Thum）村　82
違法伐採　20, 123, 129
医療従事者育成計画　163
インドシナ地塊　6
雨季　8, 115
衛星画像　118
衛生教育　172
エネルギー資源　127

【カ行】

カーダマム山脈　1
外生的人口転換　101
皆伐　114, 119
カシューナッツ　79
乾季　8, 115
カンプチア人民共和国　40
カンプチア民族統一戦線　28
カンボジア王国憲法　132
カンボジア救国民族統一戦線　31
カンボジアの人口統計　138
カンボジアの母子保健　140
カンボジア和平協定　41
気候　8, 112, 114
汽水域　122
狂犬病　189
空中写真　118
クーレン山　18
クズネッツの逆U字仮説　95
クメール王朝　12, 66
クメール共和国　27
クメール語　44
経済土地事業権　125
結核　154
結核高負担国　155
ケッペン　114
言語政策（Language Policy）　47
原始共産主義　29
後発開発途上国（LDC）　63
国際的な母子保健プロジェクト　142
国連　59
　──カンボジア暫定統治機構　88
コミュニティ林業　129
米騒動　97
コレラ　186
混交林　118, 121

【サ行】

サバナ気候　115, 120, 130
「サンクム」（人民社会主義共同体）　27
死因　152
シヴォタ（Sivatha）通り　67
シェムリアップ市　67
シェムリアップ州　67, 128
自然（地球）環境問題　111
自然保護地域　128
持続可能な開発目標（Sustainable Development Goals, SDGs）　58, 168
持続可能な社会　57

持続的開発（sustainable development）　86
ジニ係数　97
シハヌーク　26
社会関係資本　103, 107
ジャヤバルマン7世　25
樹木伐採　16
商業伐採　124
常緑林　118, 120
植生　112
所得別死亡原因　153
人口転換　99
　——理論　100
薪炭材　111, 123, 127
森林火災　122
森林資源　122, 128
森林破壊　123, 126
森林伐採　19
スコール　130
スターリン　33
成帯土壌　116
世界文化遺産　128
赤色土　116, 130

【タ行】

対外直接投資　91
タイランド湾　1, 119
択伐　114
多層構造　112, 116, 121
タ・ブロム（Ta Prohm）遺跡　71
淡水湿地林　118, 121
ダンレック山脈　2
地形　1, 112, 114, 116
チューイ・クニア　103
腸チフス　194
転換点　95
デング熱　182
糖尿病　157
トゥメイ（Thmei）　80
トータリターリアニズム　32
土砂災害　130
土壌　116
　——侵食　130
土地法　125
突出木　113

鳥インフルエンザ　191
ドル化　92
トンレサップ湖　3, 68, 120

【ナ行】

内生的人口転換　101
日本脳炎　184
熱帯雨林　112
　——気候　115
熱帯低木林　116, 120
熱帯モンスーン気候　115
熱帯林　112, 114, 127
　——破壊　111, 123

【ハ行】

ハロッド＝ドーマー・モデル　90
非固結岩　116
非木材林産物　127
風化　116
　——速度　15
腐植　117
物理的風化　14
プノン・クーレン（Phnom Kulen）　70
フランス語　49
プランテーション農業　125
プレアアントン（Preah Angk Thom）村　78
プロワス・ダイ　103
文化大革命　35
平均寿命　151
補完的活動サービスパッケージ　160
保健医療体制　159
母子健康手帳　143
母子保健の指標　141
ポペル（Popel）　80
ポル・ポト派　24

【マ行】

マイクロファイナンス　104, 107
マラリア　177
マングローブ林　118, 122
密林　118, 122
民主カンプチア連合政府　40
メコン川　4, 120
毛沢東　33

木材林産物　127, 130
モリャッカット（Moriakkat）村　80
モンスーン　8

【ヤ行】

焼畑耕作　79
焼畑農業　123
有用木　119
溶脱作用　117

【ラ行】

落葉林　118

ラテライト　7, 117
ラトソル　116
ラムサール条約登録湿地　128
林冠　112, 118
リンパ系フィラリア症　180
ルイス・モデル　93
労働者のため「社会保障法」　135
ロハール（Rohal）村　71
ロン・ノル将軍　27

著者紹介 （執筆順）

藁谷哲也（わらがい・てつや）　　編者，第1章
    1958 年　東京に生まれる
    1980 年　日本大学文理学部卒業
    1987 年　日本大学大学院理工学研究科博士後期課程（地理学専攻）修了
    1987 年　理学博士（日本大学）
    2006 年　日本大学教授（現在に至る）
    2006 年　日本大学大学院理工学研究科教授（現在に至る）
   主要著書・業績
    『人類の歩み（AN21 研究シリーズ No.6）』（共著，文眞堂，2017 年）
    『経済・生命・倫理（AN21 研究シリーズ No.1）増補版』（共著，文眞堂，2011 年）
    『極圏・雪氷圏と地球環境』（共編著，二宮書店，2010 年）
    『仕事が見える地理学』（共著，古今書院，2008 年）
    『環境と資源の安全保障―47 の提言』（共著，共立出版，2003 年）
    『地理学の見方・考え方』（共著，古今書院，1998 年）

石川晃司（いしかわ・こうじ）　第2章
    1954 年　山形市に生まれる
    1977 年　慶応義塾大学法学部政治学科卒業
    1983 年　慶応義塾大学大学院法学研究科博士課程単位取得退学
    1995 年　法学博士（慶應義塾大学）
    2009 年　日本大学文理学部教授（現在に至る）
   主要著書・業績
    『改訂版　国民国家と憲法』（単著，三和書籍，2019 年）
    『アジアにおける地域協力の可能性』（共著，芦書房，2015 年）
    『少子高齢化―21 世紀日本の課題―（AN21 研究シリーズ No.5）』（共著，文眞堂，2014 年）
    『慶應の政治学　政治思想』（共著，慶應義塾大学出版会，2008 年）
    『近代国家の再検討』（共著，慶應義塾大学出版会，1998 年）
    『保守主義の理路』（単著，木鐸社，1996 年）
    『モダーンとポスト・モダーン』（共著，木鐸社，1992 年）

小林和歌子（こばやし・わかこ）　　第3章
　　1970年　横浜に生まれる
　　1993年　東京女子大学現代文化学部言語文化学科卒業
　　2006年　米国テンプル大学大学院教育学研究科英語教授法専攻博士課程満期退学
　　2014年　日本大学文理学部助教
　　2017年　日本大学文理学部准教授（現在に至る）
　　2017年　教育学博士（米国テンプル大学）
　　2019年2月〜3月　米国ハワイ大学マノア校客員研究員
　　　主要著書・業績
　　　　Structural Equation Modeling of Writing Proficiency Using Can-Do Questionnaires（単著，文眞堂，2019年予定）
　　　　Bringing Extensive Reading into Practice: A Case Study in a Japanese University（単著，日本大学文理学部人文科学研究所『研究紀要』97，2019年）
　　　　A Contrast Between Social Constructivism and Structuration Theory in Terms of Learning（単著，『関係性の学会紀要』Vol 16，2017年）
　　　　Theory and Practice for Effective Listening Activities -An Action Research Study-（単著，『日本大学FD研究』，2017年）

落合康浩（おちあい・やすひろ）　　第4章
　　1962年　静岡県に生まれる
　　1985年　日本大学文理学部卒業
　　1992年　日本大学大学院理工学研究科博士後期課程修了
　　1992年　博士（理学）（日本大学）
　　2011年　日本大学文理学部教授（現在に至る）
　　2011年　日本大学大学院理工学研究科教授（現在に至る）
　　　主要著書・業績
　　　　『Mapping Transition in the Pamirs Changing Human-Environmental Landscapes』（分担執筆，Springer International Publishing，2015年）
　　　　『少子高齢化—21世紀日本の課題—（AN21研究シリーズNo.5）』（分担執筆，文眞堂，2014年）
　　　　『農業地域情報のアーカイブと地域づくり』（分担執筆，成文堂，2008年）
　　　　『仕事がみえる地理学』（分担執筆，古今書院，2008年）
　　　　『地理学の見方・考え方—地理学の可能性を探る—』（分担執筆，古今書院，1998年）

大塚友美（おおつか・ともみ）　　第5章
 1953 年　東京に生まれる
 1976 年　日本大学経済学部卒業
 1982 年　日本大学大学院経済学研究科博士後期課程満期退学
 1999 年　学術博士（東北学院大学）
 2001 年　日本大学文理学部教授（至 2019 年 3 月 31 日）
 2005 年　日本大学大学院総合科学研究科教授（至 2015 年 3 月 31 日）
 2019 年　日本大学文理学部特任教授（現在に至る）
  主要著書・業績
  『人類の歩み（AN21 研究シリーズ No.6)』（共著，文眞堂，2017 年）
  『Excel で学ぶ人口経済学』（単著，創成社，2011 年）
  『危機管理（AN21 研究シリーズ No.4)』（共著，文眞堂，2011 年）
  『Excel で学ぶ情報処理（AN21 研究シリーズ No.2)』（編著，文眞堂，2008 年）
  『経済・生命・倫理（AN21 研究シリーズ No.1)』（編著，文眞堂，2007 年）
  『実験で学ぶ経済学』（単著，創成社，2005 年）
  『ボーダーレス化の政治経済学』（単著，創成社，1996 年）

梶山貴弘（かじやま・たかひろ）　　第6章
 1986 年　千葉に生まれる
 2009 年　日本大学文理学部地理学科卒業
 2011 年　日本大学大学院理工学研究科地理学専攻博士前期課程修了
 2015 年　日本大学大学院理工学研究科地理学専攻博士後期課程修了
 2015 年　博士（理学）（日本大学）
 2018 年　日本大学理工学部助教（現在に至る）
  主要著書・業績
  『ArcGIS を用いた衛星画像による土地被覆分類の解析方法』（原著論文（単著），2017 年）
  『衛星画像及び DEM を用いたカラコラム山脈フンザ川流域の氷河台帳と氷河分布図』（原著論文（共著），2013 年）
  『夏期晴天日における都市内緑地の気温冷却効果とその形状依存性』（原著論文（単著），2010 年）

上之園佳子（あげのその・よしこ）　　第7章
 1952 年　福岡県に生まれる
 1974 年　九州大学医療短期学部卒業
 2004 年　國學院大學大学院法学研究科法律学専攻博士課程前期修了
 2011 年　日本大学文理学部社会学科教授

2012 年　日本女子大学大学院人間社会研究科社会福祉学専攻博士課程後期単位取得退学
　2013 年　日本大学文理学部社会福祉学科教授（至 2017 年 3 月 31 日）
　2018 年　日本大学文理学部特任教授（現在に至る）
　主要著書・業績
　　『人類の歩み（AN21 研究シリーズ No.6）』（共著，文眞堂，2017 年）
　　『生活支援の基礎理論Ⅰ』（共編者，光生館，2015 年）
　　『生活支援の基礎理論Ⅱ』（共編者，光生館，2015 年）
　　『社会・人口・介護からみた世界と日本』（共著，時潮社，2014 年）
　　『少子高齢化問題と日本―21 世紀日本の課題―』（共著，文眞堂，2014 年）
　　『介護福祉学事典』（共編者，ミネルヴァ書房，2014 年）
　　『生活支援総論』（共著，光生館，2014 年）

深田喜八郎（ふかだ・きはちろう）　　第 8 章
　1987 年　北海道に生まれる
　2011 年　日本大学文理学部体育学科卒業（学士（体育学））
　2013 年　日本大学大学院文学研究科教育学専攻博士前期課程修了（修士（教育学））
　2016 年　日本大学大学院文学研究科教育学専攻博士後期課程修了（博士（教育学））
　2016 年　日本大学文理学部人文科学研究所研究員（現在に至る）
　2016 年　日本大学非常勤講師（現在に至る）
　主要著書・業績
　　『過体重の若年男性は高強度運動後に 8-isoprostane が上昇する』（原著論文（共著），2015 年）
　　『低分子／高分子リポ蛋白コレステロール比は高強度運動後の線溶活性に影響を与える』（原著論文（共著），2014 年）
　　『12 分間最大努力走における好中球数・リンパ球数急性増加に関与する因子』（原著論文（共著），2013 年）

櫛　英彦（くし・ひでひこ）　　第 9 章
　1954 年　新潟県に生まれる
　1980 年　日本大学医学部卒業（医師免許取得）
　1993 年　医学博士（日本大学医学部）
　1988 年　脳神経外科専門医
　1996 年　救急専門医
　2001 年　救急指導医
　2009 年　日本大学文理学部教授（現在に至る）

2009 年　日本大学医学部兼旦教授（現在に至る）
2010 年　日本大学大学院文学研究科教授（現在に至る）
　主要著書・業績
　　『Hemoperfusion with an immobilized polymyxin B fiber column inhibits macrophage/monocyte activation』（原著論文（共著），2009 年）
　　『Hemoperfusion with a polymyxin B column decreases clotting activity』（原著論文（共著），2009 年）
　　『Acute subdural hematoma because of boxing』（原著論文（共著），2009 年）
　　『Criteria for hemoperfusion with an immobilized polymyxin B fiber column based on oxygen metabolism』（原著論文（共著），2008 年）
　　『Early hemoperfusion with a polymyxin B column improves gastric mucosal pH in sepsis』（原著論文（共著），2008 年）

髙階曜衣（たかしな・てるえ）　　第 9 章
1990 年　埼玉に生まれる
2013 年　日本大学文理学部卒業（学士：体育学）
2015 年　日本大学大学院文学研究科博士前期課程修了（修士：教育学）
2018 年　日本大学大学院文学研究科博士後期課程修了（博士：教育学）
2018 年　日本大学文理学部人文科学研究所研究員（現在に至る）
2018 年　日本大学医学部・商学部・法学部非常勤講師（現在に至る）
　主要著書・業績
　　『骨格筋率の低い 90kg 以上の男子柔道選手は試合後の乳酸が蓄積する』（原著論文（共著），2016 年）
　　『Effects of the percentage of skeletal muscle and body fat on physiological changes after a judo match』（学会発表（共同），2014 年）
　　『The extra fat mass and body fluid volume of the rugby player attenuate by a camp』（学会発表（共同），2016 年）

カンボジア研究
—その自然・文化・社会・政治・経済—

2019年9月25日　第1版第1刷発行　　　　　　　　　　　　検印省略

編著者　藁　谷　哲　也

発行者　前　野　　　隆

発行所　東京都新宿区早稲田鶴巻町533
　　　　株式会社　文　眞　堂
　　　　電　話　03（3202）8480
　　　　FAX　03（3203）2638
　　　　http://www.bunshin-do.co.jp
　　　　郵便番号(162-0041)振替00120-2-96437

製作・モリモト印刷
©2019
定価はカバー裏に表示してあります
ISBN978-4-8309-5044-5 C3036